W0280086

KNAUR.LEBEN

RONJA LANGE

Die verwunschene Hütte und das Wunder der Achtsamkeit

Wie ich begann, meinem Herzen zu folgen

KNAUR.LEBEN

Besuchen Sie uns im Internet:
www.knaur-leben.de

MIX
Papier | Fördert gute Waldnutzung
FSC® C083411

Originalausgabe August 2024

Ein Imprint der Verlagsgruppe
Droemer Knaur GmbH & Co. KG, München

Redaktion: Birgit Förster
Covergestaltung: atelier-sanna.com
Coverabbildung: © atelier-sanna.com
Illustrationen im Innenteil: © atelier-sanna.com
Satz und Layout: Adobe InDesign im Verlag
Druck und Bindung: CPI books GmbH, Leck
ISBN 978-3-426-44883-0

2 4 5 3 1

Für meine Großmutter Klara.
Ohne deine inspirierende Weisheit und
deine Liebe zur Musik,
die mich von Kindheit an begleitet haben,
wäre dieses Buch nie entstanden.

Glück ist kein Ziel,
das du erreichst,
sondern die Art und Weise,
wie du den Weg gehst.

Eine Begegnung, die alles verändert

»Mama – es tut mir echt leid, aber ich schaff es einfach nicht.«

Die Skype-Verbindung nach Australien lässt wieder mal schwer zu wünschen übrig. Auf den ruckelnden Standbildern ist trotzdem nicht zu übersehen, dass meine Tochter bedrückt wirkt.

»Sarah – du brauchst wirklich kein schlechtes Gewissen zu haben«, versuche ich sie zu trösten. »Ich weiß doch, wie teuer der Flug ist, und ich weiß ja auch, wie wichtig dir dein Forschungsprojekt ist. Es ist doch sowieso nur ein albernes Fest – stress dich also bitte nicht deswegen.«

»Ja. Aber … Ich meine: Wir haben uns schon ewig nicht gesehen, und es ist immerhin dein fünfzigster Geburtstag. Ich wäre wirklich wahnsinnig gerne dabei.«

Im Gegensatz zu mir, denke ich, bevor ich mich von ihr verabschiede. Dummerweise hat meine Freundin Lina mich dazu überredet, meinen Runden mit einer großen Feier zu begehen. Wie so oft war mein Kopf schneller als mein Bauch, und ich habe »Ja« gesagt. Worauf habe ich mich da nur wieder eingelassen?

Ich klappe den Laptop zu und schaue aus dem Fenster. Der Garten liegt verlassen und trostlos da. So trostlos wie der vernieselte, graue Tag. So trostlos wie mein ganzes Leben. Es ist ein bedrückendes Gefühl, im eigenen Leben nur eine Nebenrolle zu spielen. Irgendwo auf dem Weg durch die vergangenen fünf Jahrzehnte, zwischen Ehe, Scheidung und Sarahs Auszug, habe ich mich selbst verloren. Während ich an meinem Kaffeebecher nippe, grübele ich darüber nach, wann das wohl passiert ist und ob es einen Punkt gab, an dem ich falsch abgebogen bin.

Als ich vor über zwanzig Jahren als junge Lektorin begann, bin ich noch jeden Morgen aufgeregt aus dem Bett gesprungen, bin voller Begeisterung und Tatendrang in den Verlag gefahren. Heute brauche ich zwei Wecker und drei Tassen Kaffee, um mich gegen die Langeweile, die unnötigen Meetings, die gestressten Kollegen und das überquellende Postfach mit unaufgefordert eingeschickten Manuskripten in meinem E-Mail-Eingang zu wappnen.

Und die Liebe? Darüber möchte ich gar nicht erst nachdenken. Die Liebe ist ein Kapitel, das bereits geschlossen ist, seit es vor vielen Jahren mit meiner Ehe endgültig den Bach runterging. Dabei war Dennis mein Traummann gewesen. Er hat mich auf Händen getragen. So lange jedenfalls, bis der Traum sich Schritt für Schritt in einen Albtraum verwandelte und er mich für die andere fallen ließ. Unsere Trennung fühlte sich wie ein gescheiterter Versuch an, Glück in einer Formel zu finden, die nie für mich bestimmt war. Aber was bin ich ohne diese Formel? Eine fünfzigjährige Frau, deren wichtigste Rolle als Mutter sich längst erübrigt hat und deren Chancen, noch einmal einen Partner zu finden, so ungefähr bei null gelandet sind.

Vielleicht ist es keine gute Idee, jetzt noch einen Kaffee zu trinken, denke ich, während die Kaffeemaschine summt. Doch der Duft von frisch gemahlenen Kaffeebohnen, der durch die Küche zieht, ist einfach zu einladend. Meine Gedanken entführen mich nach Australien. Ich sehe meine selbstbewusste Tochter vor mir. Finde es großartig, dass Sarah ihren eigenen Weg gefunden hat. Doch so stolz ich auch auf sie bin: Jede ihrer Erfolgsnachrichten, jede Skype-Sitzung über Tausende von Kilometern hinweg, reißt eine kleine Wunde in meinem Herzen auf. Sarah hat ihre Flügel ausgebreitet, während meine durch die Jahre verklebt und unbrauchbar geworden sind. Sie hat ihr Abenteuer, und ich … ich habe nichts als Leere.

Soll das jetzt schon alles gewesen sein?

Wie ein Ohrwurm kreist mir diese Frage seit Tagen im Kopf herum. Hätte ich vielleicht andere Entscheidungen treffen müssen? Habe ich mein Leben zu sehr dem Zufall überlassen? War ich nicht mutig genug? Oder sollte ich einfach nicht so viel nachdenken und mich zusammenreißen, wie es mir Lina oft rät, wenn ich ihr mit meinen trüben Gedanken und Selbstzweifeln auf die Nerven gehe?

Gedankenverloren starre ich aus dem Fenster in die

einbrechende Dämmerung. Was bleibt unterm Strich, wenn ich die Erfahrungen all meiner Jahre zusammenzähle? Viel ist es nicht. Ein Leben, das sich wie ein Gutschein anfühlt, den ich nie eingelöst habe. Aber ist der Gutschein wirklich schon abgelaufen? Gibt es tatsächlich keine Chance mehr, ihn doch noch einzulösen?

*

»Aufwachen, Geburtstagskind!« Lina fängt an, »Happy Birthday« durchs Handy zu trällern, und kurz bedauere ich, dass ich den Anruf überhaupt angenommen habe. Einerseits ist es natürlich schön, von der besten Freundin geweckt zu werden, andererseits fühle ich mich morgens aber in letzter Zeit so erschöpft, dass ich nur noch eines will: schlafen!

»Und – wie geht's dir an deinem Ehrentag?«, fragt Lina fröhlich.

»Werd du erst mal fünfzig, dann wirst du solche Fragen nicht mehr stellen.« In meinem Kopf hat der Satz lustiger geklungen als jetzt, wo ich ihn ausspreche, und ich befürchte, dass Lina den gequälten Unterton heraushört.

»Hast du schon mal aus dem Fenster geschaut, Hannah-Süße? Seit Wochen ist das der erste Tag, an dem mal wieder die Sonne scheint. Also wenn das kein gutes Omen ist …«

Ich werfe einen Blick zum Schlafzimmerfenster, und

tatsächlich – freundliche Sonnenstrahlen lugen durch die zarten Vorhänge.

Vielleicht wird der Tag ja doch nicht so furchtbar, denke ich, während ich das warme Wasser unter der Dusche aufdrehe. Eigentlich sollte ich mich ja freuen. Die Gäste sind schon eingeladen – unter ihnen meine beiden Lieblingskolleginnen aus dem Verlag, mein alter Schulfreund Stefan mit seiner Familie und mein Nachbar, der immer gut gelaunte Paolo. Paolo ist Argentinier und schon vor vielen Jahren hierhergezogen, was ein Riesenglück für mich ist. Selbst in meinen dunkelsten Stunden hat er es geschafft, mich ein wenig aufzumuntern. Paolo ist ein sehr guter Zuhörer. Und er hat viele andere Qualitäten – zum Beispiel seinen grünen Daumen, mit dem er seinen Garten in ein Blumenmeer verzaubert hat. Ständig bleiben Leute an seinem Vorgarten stehen, um seine prächtigen Rosenbeete zu bewundern. Paolo hat mir versprochen, meinen verwahrlosten Garten wieder auf Vordermann zu bringen.

»Oh, gut! Ich bringe jemanden mit«, hat er geheimnisvoll gesagt, als ich ihn vor einigen Tagen zum Geburtstag eingeladen habe. »Du kennst sie nicht, aber sie bringt dir eine kleine Überraschung.« Wer das wohl sein mag? Ich hoffe mal, dass es wenigstens eine nette Überraschung wird.

Wie gut könnte ich auf meine eigene Party verzichten! Wie gerne wäre ich weit weg – an einem ruhigen Ort, an dem ich einmal ganz für mich sein kann. Und während ich an das Meer und einsame Küsten denke, ahne ich noch nichts von dem Überraschungsgast – nichts von der Begegnung, die alles verändern wird.

*

Es werden wohl mindestens zehn Gäste sein, rechne ich. Eigentlich schon zu viel. In letzter Zeit fühlt sich das Reihenhäuschen, in dem ich seit Sarahs Auszug ganz allein lebe, bedrückend an. Wenn ich durch die verwaisten Zimmer gehe, kommt es mir vor, als hätte ich mich in den unzähligen Gängen meines eigenen Lebens verirrt. In jedem Zimmer wohnen Geister der Vergangenheit. Und viel zu viele sehen aus wie Dennis.

Dennoch ist das Haus das einzig Wertvolle, was von meiner Ehe übrig geblieben ist – ganz abgesehen von Sarah natürlich. Nachdem er den größten Teil unserer beträchtlichen Ersparnisse über undurchsichtige Kanäle in Sicherheit gebracht hatte, hat Dennis mir das Haus als Ausgleich überlassen. Ob die Angst vor einem Rechtsstreit oder sein schlechtes Gewissen ihn zu dieser großzügigen Geste veranlasst hat, weiß ich nicht.

Seufzend stehe ich in der Küche und weiß nicht, wo ich anfangen soll. Lustlos lasse ich meinen Blick über die To-do-Liste gleiten, die auf der Anrichte liegt. Die Buchstaben verschwimmen vor meinen Augen. Mir wird schwindelig. Ich setze mich auf den Barhocker und atme tief durch. Aber es hilft ja nichts – das Fest wird sich wohl kaum von selbst organisieren. Wenigstens muss ich nicht groß kochen, da ich zum Glück ein Büfett bestellt habe.

Doch je länger ich auf meine Liste starre, desto irrsinniger kommt mir der ganze Aufwand vor. Ich schüttele den Kopf, atme tief durch und mach mich an die Vorbereitungen. Plötzlich fällt mir ein, dass ich mich ja noch zurechtmachen muss. Verdammt – die Zeit rast mir davon.

Im Bad trage ich noch schnell etwas Rouge auf und zupfe hektisch an meiner Frisur herum. Immer lauter fragt die Stimme in meinem Kopf, warum ich nicht einfach einmal »Nein« gesagt habe.

*

Es klingelt an der Haustür. Oh, Gott! Das kann doch wohl nicht wahr sein – warum kommen die eine halbe Stunde zu früh? Ich haste zur Tür und öffne sie atemlos. Zu meiner großen Erleichterung steht da nur Lina.

»Alles Gute zum Geburtstag, Hannah!« Sie zieht ein Päckchen aus ihrer Handtasche und überreicht es mir. »Und jetzt schauen wir mal, wie wir deine Laune etwas heben können.« Lina umarmt mich herzlich und strahlt mich an. Und mit ihrer sprudelnden Energie gelingt es ihr tatsächlich, mir ein Grinsen aufs Gesicht zu zaubern.

Es klingelt erneut. Die Nächsten, die eintreffen, sind Vera und Thomas. Vera, mit ihrem knallroten Lippenstift und ihrem Talent, sofort alle Blicke auf sich zu ziehen.

Kurz darauf folgt Stefan mit seiner Frau Sonja. Im Arm hält er ein großes Paket. Sein Töchterchen Amelie hat sich hinter seinem Bein versteckt und lugt schüchtern in den Flur, wo Vera bereits ungehemmt lossprudelt und begeistert von ihrem Tauchurlaub erzählt. Ich lächle gequält und manövriere die Gäste vorsichtig ins Wohnzimmer.

Die Nächste, die eintrudelt, ist Elsie, meine engste und längste Freundin aus der Redaktion. Sie trägt eine elegante Brille auf der Nase und ein bewundernswertes Selbstbewusstsein vor sich her.

»Alles Gute zum Geburtstag, Hannah. Na – was machen die Nerven?«, flüstert sie mir ins Ohr. Elsie kennt meine Abneigung gegen Feiern nur zu gut und kann sich wohl denken, wie es mir geht.

Während ich noch mit Elsie plaudere, trifft Paolo mit seiner neuen Begleitung ein. »Hola Hannah!« Nachdem Paolo mich fest an sich gedrückt hat, weist er so stolz auf die fremde Frau neben ihm, als wäre sie ein kostbares Juwel. »Das ist Maribelle – meine liebe Freundin seit vielen Jahren.«

Den Namen Maribelle hatte er zwar immer wieder einmal erwähnt, aber mit dieser außergewöhnlichen Erscheinung hätte ich nicht gerechnet. Maribelle trägt ein bodenlanges braunes Kleid und darüber eine mit Inka-Stickereien verzierte Weste, und um den Hals hängen einige lange Ketten mit bunten Edelsteinen. Ihre Füße stecken in einfachen Ledersandalen, die mit Perlmutt verziert sind. Lange, silbergraue Locken fallen ihr sanft über die Schultern. In unserer Runde wirkt Maribelle wie ein Paradiesvogel, und ihr geheimnisvolles Lächeln zieht mich sofort in ihren Bann.

Maribelle deponiert einen abgewetzten Gitarrenkoffer in der Ecke.

»Oh – du spielst Gitarre? Toll!«, sage ich, und Maribelle lächelt wieder geheimnisvoll.

»Ich habe als Kind Geige gespielt. Aber irgendwann habe ich damit aufgehört. Eigentlich sehr schade«, füge ich traurig hinzu und spüre einen Stich in meinem Herzen. »Das Leben, die Ehe, die Arbeit ... all das hat mich eingeholt. Tja – und jetzt ist es leider zu spät, wieder anzufangen.« Ich wundere mich über meinen Redefluss. Normalerweise bin ich eher zurückhaltend, wenn ich neue Menschen kennenlerne – und intime Dinge erzähle ich ihnen schon gar nicht.

Maribelle gibt mir die Hand und lächelt mich mitfühlend an. Ich habe den Eindruck, als wollte sie mir mit ihrem Blick etwas sagen, aber ich verstehe nicht, was.

Nach und nach treffen weitere Gäste ein. Lina verteilt die Sektgläser, es wird angestoßen, und das obligatorische Geburtstagsständchen erklingt. Die Anwesenden verteilen sich im Raum, man unterhält sich angeregt, und alles könnte perfekt sein, wenn ich mich nicht wie ein fremder Gast auf meinem eigenen Fest fühlen würde.

»Ey, Hannah, ist alles okay?« Paolo reicht mir ein Glas Prosecco, und ich spüre, dass ihm die Erschöpfung in meinen Augen nicht verborgen geblieben ist. Bevor ich antworten kann, lenkt mich ein Klirren von meiner trüben Stimmung ab. Lina steht mit einem Glas in der Hand in der Mitte des Raums, und es wird schlagartig still.

»Liebe Hannah«, beginnt sie, »wir sind total dankbar, dass wir heute mit dir deinen runden Geburtstag feiern dürfen. Aber wir feiern nicht nur deinen Ehrentag, sondern auch das Leben, das du gelebt hast und das noch vor dir liegt. Es mag Höhen und Tiefen gegeben haben, aber heute sind wir hier, um all die wunderschönen Momente zu feiern und uns auf die zukünftigen, die wir gemeinsam mit dir verbringen wollen, zu freuen. Auf Hannah!«

Ein herzliches »Auf Hannah!« schallt durch den Raum, begleitet vom Klirren der Gläser. Ich lächle, berührt von Linas aufmunternden Worten und der Zuneigung meiner Gäste. Als mein Blick sich in Maribelles geheimnisvoll strahlenden Augen verfängt, spüre ich eine tiefe Verbindung, die ich in dieser Art noch nie erlebt habe, und mir wird ganz warm ums Herz.

Die Gespräche um mich herum kommen in Fahrt. Paolo stellt Maribelle einigen Gästen vor. Sie spricht nicht viel, scheint aber jeden sehr aufmerksam wahrzunehmen, ebenso wie alles, was um sie herum geschieht.

Nach einer Weile nickt sie Paolo unauffällig zu. Der klopft mit einer Gabel an sein Sektglas, und das Gemurmel im Raum verstummt.

»Liebe Freunde, wir haben heute eine große Künstlerin und Solistin unter uns. Als kleine Überraschung zu Hannahs Geburtstag möchte sie uns ein Stück eines spanischen Komponisten auf der Gitarre vortragen …«

Alle Blicke sind auf Maribelle gerichtet, als sie vorsichtig eine abgegriffene, aber offenbar sehr wertvolle Gitarre aus ihrem Koffer holt.

Es ist jetzt vollkommen still im Raum. Von dem Augenblick an, als Maribelle die ersten Akkorde anschlägt, kann ich meine Augen nicht mehr von ihr lassen. Die Akkorde funkeln, die Musik zaubert eine andere, geheimnisvolle Welt, und die Melodie, die sie spielt, fließt mir direkt ins Herz.

Ihre grauen Haare wippen im Rhythmus der Musik, und ihre fast goldenen Augen blicken weit in die Ferne. Mit jedem Ton, der erklingt, bricht etwas in mir auf. Ich erinnere mich an die Zeit, als ich ein kleines Mädchen war.

In der Adventszeit nahm meine Mutter mich in ein Violinkonzert mit. Mit großen Augen und offenem Mund bewunderte ich die Geigerin und sog die Musik in mich ein. Doch als das Konzert zu Ende war, begann ich bitterlich zu weinen.

»Mensch, Hannah – was ist denn nur wieder mit dir los?«, wollte meine Mutter wissen. Ich fragte sie, wo denn jetzt die Engel seien. »Was für Engel?«, fragte sie verwundert. »Die Engel, die aus der Geige geflogen sind«, antwortete ich. Das war wohl der Augenblick, als meine Mutter beschloss, eine Geigenlehrerin für mich zu suchen. Den wunderbaren, harzigen Duft der kleinen Kindergeige, die kurz darauf unter dem Weihnachtsbaum lag, werde ich nie vergessen.

Maribelles Gitarrenklänge gehen mir so nahe, dass ich die Tränen nicht mehr zurückhalten kann. Ob es den anderen genauso geht? Ich schaue mich unauffällig um. Die Gespräche sind verstummt, und aller Augen sind auf Maribelle gerichtet. Auch meine weniger musikalischen Freunde merken offenbar, dass sie hier etwas Besonderes zu hören bekommen. Doch ich nehme auch wahr, dass Vera sich im Zimmer umsieht und von der chinesischen Vase neben dem Bücherschrank fasziniert zu sein scheint. Stefan fummelt an seiner neuen Apple Watch herum. Lina hört zwar aufmerksam zu, aber für die meisten ist Maribelles Konzert wohl nur ein interessantes Event. Für mich ist es jedoch mehr. Viel mehr. Während Maribelle die letzten Takte ihres Solos spielt, spüre ich eine Leichtigkeit in meinem Herzen, die mich an die unbeschwerten Tage meiner Kindheit erinnert. Für einen Moment fühlt es sich so an, als würden die Gitarrenklänge die dunklen Wolken, die sich auf mein Gemüt gelegt haben, einfach wegwehen.

Nachdem der letzte Akkord verklungen ist, klatschen die Gäste höflich Beifall. Ich atme tief durch, wische mir unauffällig ein paar Tränen von den Wangen und gehe auf Maribelle zu.

»Mein Gott, das war wunderschön«, sage ich leise. »Also ich meine, wirklich wunderwunderschön. Ich kann es gar nicht beschreiben. Als ich dir zugehört habe, musste ich daran denken, wie sehr ich als Kind meine Geige geliebt habe. Es ist so traurig, dass ich aufgehört habe zu spielen.«

Maribelle lächelt mich verständnisvoll an.

Die Gäste drängeln sich im Wohnzimmer, und die Stimmung wird zunehmend beschwingter. Maribelle und ich beschließen, in den Garten zu gehen und die Gitarre in Sicherheit zu bringen, bevor hier im Gedränge noch ein Unglück geschieht.

Draußen ist die Dunkelheit hereingebrochen. Auch wenn es noch angenehm warm ist, streift bereits ein kühler Hauch durch die Luft. Wir setzen uns in die Korbstühle an die Feuerschale. Der Partylärm dringt nur noch als leises Hintergrundgeräusch aus dem Haus und vermischt sich mit dem sanften Rauschen in den Blättern der Kastanie.

Maribelle blickt lange in die Flammen. Schließlich sagt sie: »Weißt du, Hannah, ich glaube, du musst gar nicht traurig sein, dass du aufgehört hast, Geige zu spielen. Manchmal hat das Leben eben andere Pläne mit uns, und das ist auch okay. Aber eines solltest du wissen: Ebenso wie Liebe ist Musik eines der wenigen Dinge im Leben, für die es nie zu spät ist. Du kannst nie zu alt sein, um dein Herz zu öffnen. Und ebenso wenig kannst du je zu alt sein, um ein Instrument zu lernen oder wieder mit dem Musizieren anzufangen.«

»Deine Gitarre sieht aus, als hätte sie viele Geschichten zu erzählen«, sage ich und studiere die geschwungene Form ihres Instruments.

Maribelle lächelt. »Oh, das hat sie allerdings. Sie hat mich durch viele Höhen und Tiefen begleitet.« Liebevoll streichelt sie über das Holz. »Sie ist ein Erbstück von meinem Großvater und über hundert Jahre alt!« Maribelle streicht sich eine silberne Locke aus dem Gesicht und bemerkt meinen kritischen Blick. »Und du siehst: Alt heißt nicht schlecht, Hannah – im Gegenteil. Der Klang gewinnt mit den Jahren. So wie Menschen mit den Jahren reifen und sich entwickeln – zumindest, wenn es das Leben gut mit ihnen meint. Oder eigentlich eher, wenn sie es gut mit dem Leben meinen«, sagt Maribelle lachend.

»Darf ich sie mal anfassen?«, frage ich und schäme mich sogleich dafür. Schließlich bin ich ja kein kleines Kind, das alles, was es sieht, in die Finger nehmen muss. Doch Maribelle lächelt und reicht mir ein Tuch. Ich begreife sofort und wische meine Hände ab, woraufhin sie mir die Gitarre feierlich überreicht. Das Holz fühlt sich warm und lebendig an, und während ich sanft über den Korpus streiche, begreife ich es: Es geht gar nicht um das Instrument an sich, sondern um die Gefühle und Erinnerungen, die es in sich trägt. Es ist die Seele der Gitarre, die Maribelle durch ihr Spiel erweckt und die auch die Seele der Zuhörer erreicht, sofern sie offen dafür sind, sich berühren zu lassen.

Ich gebe Maribelle ihre Gitarre wieder zurück. Wir sitzen gemeinsam am Feuer und schweigen, und ich vergesse ganz, dass gerade meine Geburtstagsfeier stattfindet. Seit meiner Begegnung mit dieser geheimnisvollen Künstlerin fühle ich mich, als wäre ich aus einem langen Schlaf erwacht. Die freudlosen Routinen und Verpflichtungen, die Selbstzweifel und die Leere hatten sich wie ein grauer Nebel um mich gelegt. Doch durch Maribelles Musik ist tief in mir eine Sehnsucht erwacht, und der Nebel scheint sich langsam aufzulösen.

Als die Stille zwischen uns immer schwerer wird, wage ich es schließlich, meine Gedanken auszusprechen. »Maribelle, ich weiß nicht, wie ich es sagen soll, aber deine Musik hat etwas in mir verändert.« Ich zupfe nervös an meinem Kleid herum. »Es ist, als ob du eine Tür geöffnet hättest, die …«

Als ich in ihre Augen schaue, habe ich das Gefühl, dass sie keine Fremde mehr für mich ist. Auch wenn ich es mir nicht erklären kann, spüre ich ein tiefes Vertrauen zu ihr. Und auf einmal ertappe ich mich dabei, wie ich Maribelle von meinen Problemen erzähle.

Maribelle sieht mich lange schweigend an, und ich werde rot. Oh, Gott, was tue ich hier bloß? Ich erzähle einer Frau, die ich gerade erst vor wenigen Stunden kennengelernt habe, meine intimsten Geheimnisse.

In der Feuerschale lodert nur noch eine sanfte Glut. Schließlich beugt Maribelle sich zu mir und sagt: »Hannah, manchmal glauben wir, dass wir auf einem festgelegten Pfad gelandet sind, von dem wir nicht mehr abweichen können. Aber tatsächlich hält das Leben immer Überraschungen für uns bereit. Und das oft gerade dann, wenn wir in einer Sackgasse festzustecken scheinen. Manchmal braucht es dann nur ein paar Inspirationen, um zu erkennen, dass es nie zu spät ist, seinen Träumen zu folgen.« Maribelle sieht mich durchdringend an, bevor sie weiterspricht. »Musik kann eine starke Inspiration sein. Und du hast einen ganz besonderen Bezug zur Musik, das habe ich sofort gespürt. Wenn du möchtest, kann ich dich auf einer Reise begleiten, die dich noch mehr mit der Musik und wohl auch mit dir selbst verbinden wird.«

»Eine Reise?«, frage ich zögernd.

Maribelle sieht mir meine Unsicherheit an und lacht. »Na ja – keine, bei der du einen Koffer brauchst. Höchstens vielleicht irgendwann einmal einen Gitarrenkoffer.« Sie grinst mich vielsagend an. »Allerdings musst du den Mut haben, den ersten Schritt zu tun.«

Ich spüre, dass in Maribelles Worten eine Einladung mitschwingt, und werde neugierig. »Also gegen eine kleine Reise hätte ich eigentlich nichts einzuwenden«, antworte ich.

»Wenn du möchtest, Hannah«, sagt Maribelle und legt mir eine Hand auf den Arm, »kann ich dir ein bisschen Gitarrenunterricht geben. Aber ich warne dich: So klein, wie du denkst, wird die Reise wahrscheinlich nicht. Sie könnte dein ganzes Leben verändern – und dazu musst du bereit sein.«

Ich schaue Maribelle staunend an, während sich ein aufgeregtes Kribbeln in meinem ganzen Körper ausbreitet und mich eine Welle der Vorfreude erfasst.

»Überleg's dir«, sagt Maribelle. »Ich muss jetzt erst einmal wieder nach Hause.« Sie reicht mir ihr Kärtchen. Ihr Name sieht wie handgeschrieben aus, und unter einer Tuschezeichnung, die eine Gitarre zeigt, steht klein eine Adresse und eine Telefonnummer.

»Ruf mich an, wann immer du möchtest«, sagt sie.

Mit klopfendem Herzen umarme ich sie zum Abschied.

Als Maribelle gegangen ist, sind meine düsteren Gedanken wie weggeblasen und ich freue mich, mich jetzt wieder meinen anderen Gästen widmen zu können. Lina bemerkt meine Veränderung sofort. »Hey, was ist denn mit dir los? Du siehst ja richtig happy aus!« Ich nicke und grinse sie fröhlich an.

Gegen halb zwei neigt sich die Party dem Ende zu, die Gäste verabschieden sich. Lina will mir noch beim Aufräumen helfen, aber ich winke ab.

»Nein, Lina, lass mal«, sage ich. »Du hast schon mehr als genug für mich getan. Sieh lieber zu, dass du gut ins Bett kommst.«

Lina lacht. Wir umarmen uns eine halbe Ewigkeit, und ich blicke Lina nach, wie sie leicht wankend zum Taxistand an der Ecke geht. Aus der Ferne winkt Lina mir noch einmal zum Abschied zu, und ich winke fröhlich zurück.

*

Überall im Wohnzimmer stehen Teller voller Essensreste. Verwaiste Flaschen, zusammengeknüllte Servietten, dreckiges Geschirr ... Ich sitze mitten im Chaos und bin doch vollkommen entspannt und bestens gelaunt. Statt der Einsamkeit, die mich so oft überfällt, wenn ich allein zu Hause bin, empfinde ich Hoffnung und Vorfreude auf das, was vor mir liegt.

Ich lehne mich an den Türrahmen, schließe die Augen und atme tief durch. Der Geruch von Parfüm und Kerzenwachs hängt noch in der Luft. Fast glaube ich, den Nachklang von Maribelles Gitarrenspiel zu hören – wie ein fernes Echo, das ebenso wie unsere Gespräche leise in meinem Kopf nachhallt.

Es ist kühl im Raum. Ich schließe die Terrassentür. Die Glut in der Feuerschale ist längst erloschen. Ich inspiziere noch einmal das Schlachtfeld in meinem Wohnzimmer und beschließe, die Aufräumaktion auf morgen zu verschieben. Heute wird mein Ordnungssinn mal nicht das Kommando übernehmen.

Mein Blick fällt auf den Hocker, auf dem Maribelle bei ihrem Konzert gesessen ist. Wie lange ist es her, dass ich so berührt wurde? Wie lange ist es her, dass ich mich so lebendig gefühlt habe? Unendlich lange, scheint mir. Ich setze mich aufs Sofa und ziehe meine Beine an, während mir die Ereignisse des Abends durch den Kopf gehen.

Wie gerne würde ich Sarah von Maribelle erzählen. Wie gerne würde ich ihr sagen, was ich erkannt habe – dass es immer die Chance gibt, neue, spannende Erfahrungen zu machen. Sogar für mich, denn ihr muss ich das ja nicht sagen … Gleich morgen werde ich meine Tochter anrufen.

Todmüde, aber zufrieden und erfüllt stehe ich im Badezimmer. Ich lasse warmes Wasser ins Becken laufen und wasche behutsam mein Gesicht. Mit jedem bisschen Make-up, das ich entferne, fühle ich mich mehr und mehr wie ich selbst. Ich atme den süßen Duft der Lavendelseife ein, putze mir die Zähne und bürste mein zerzaustes Haar. Ein letzter Blick in den Spiegel, ein letzter tief erfüllter Atemzug.

Mit einem Lächeln auf den Lippen kuschle ich mich in mein Bett. Morgen ist ein neuer Tag, ein neuer Anfang. Ich bin bereit.

DAS GEHEIMNIS DER GEGENWART

Als ich einige Tage später den Pfad zu Maribelles Häuschen entlanggehe, umfängt mich der erdige Duft des Waldbodens. Wie friedlich es hier ist. Dabei habe ich gerade mal eine halbe Stunde gebraucht, um den Lärm und Trubel der Großstadt hinter mir zu lassen.

Dicke Baumwurzeln ragen aus dem Boden, und ich muss höllisch aufpassen, dass ich nicht stolpere. Mist – ich hätte meine festen Schuhe anziehen sollen. Zumindest bin ich erleichtert, dass ich meinen Mini auf dem Kiesplatz am Waldrand geparkt und gar nicht erst versucht habe, auch noch den Rest des Weges mit dem Auto zurückzulegen.

Der Pfad wird immer enger, und auf einmal dringt ein Plätschern an mein Ohr. Ich entdecke ein Bächlein, das über glatte Steine und unter einer kleinen Holzbrücke hindurchfließt und in einem zauberhaften Teich mündet. Seerosen dümpeln träge auf dem spiegelglatten Wasser, das den Himmel und die Weiden am Ufer reflektiert.

Auf der gegenüberliegenden Seite des Teiches ragt ein verwitterter Dachgiebel in den Himmel. Und jetzt entdecke ich auch den Rest von Maribelles Hütte. Die Fassade ist von wildem Wein umrankt. Die bunt bemalten Fensterläden könnten mal einen neuen Anstrich gebrauchen, die Holzwände sind an einigen Stellen mit

Moos bedeckt, und auf dem Dach fehlen ein paar Schindeln. Und dennoch sieht das Hexenhäuschen geradezu perfekt aus. Wie im Märchen. Ob ich das hier alles nur träume?

Der Ruf eines Eichelhähers durchdringt die Stille, und ich erwache wieder aus meinen Fantasien. Nein – das hier ist kein Traum! Das Bächlein, der Laubwald und der kleine Teich, der die Sonnenstrahlen einfängt, sind genauso real wie die etwas heruntergekommene Hütte, die ebenso wenig ein Lebkuchenhaus ist wie Maribelle eine Hexe.

Zum Haus führt ein schmaler Weg an einer einfachen Feuerstelle vorbei durch einen verwilderten Garten. An dem üppigen Durcheinander aus Farben und Formen, aus Büschen voller Beeren, Kräuterbeeten, Margeriten, Sonnen- und Kornblumen hätte Claude Monet seine helle Freude gehabt. Am Rand des Gartens stehen einige Obstbäume Wache. Ihre Äste biegen sich unter der Last der Früchte.

Bei aller Vorfreude auf die bevorstehende Gitarrenstunde zögere ich, als ich vor dem Haus stehe. Ob es wirklich so eine gute Idee war, Maribelles Angebot anzunehmen? Aber jetzt ist es zu spät zur Umkehr. Ich gehe zur Eingangstür und suche vergebens nach der Türklingel. Stattdessen hängt da eine Kette mit einem Griff, der mich an die Klospülung im Haus meiner Großeltern erinnert. Ich ziehe vorsichtig an dem Ding, und ein helles Glöckchen erklingt. Kurz darauf öffnet

Maribelle und strahlt mich an. »Hannah, wie schön, dass du da bist! Komm rein.«

In der Hütte komme ich aus dem Staunen nicht mehr heraus. Mit weit geöffneten Augen bewundere ich die vielen Instrumente, die überall an den Wänden hängen und in den Ecken stehen. Die meisten sind Gitarren, aber ich entdecke auch zwei alte Geigen und eine Mandoline. Auf dem Klavier stapeln sich Notenbücher, auf dem Sofa sind überall Kissen, Bücher und Decken verteilt. Zwischen bunten Keramikschalen liegt eine Katze auf dem Fensterbrett und schnurrt. Ich fühle mich sofort wohl und geborgen – und das ist seltsam, da ich Unordnung normalerweise überhaupt nicht leiden kann.

Neben dem Kamin thront eine freundliche Buddhafigur zwischen Kerzen und Blumen auf einem Tischchen. Die Ruhe, die das Zimmer ausstrahlt, ist geradezu magisch. Ich spüre einen kleinen Stich des Neids, während ich an mein langweiliges Zuhause denken muss, an die immerzu blitzblanke Küche, die staubfreien Glasvitrinen und die fast schon neurotisch nach Größe geordneten Bücher im hochglanzpolierten Eichenholz-Regal.

Maribelle ist in die Küche gegangen. Sie hat einen Wasserkessel auf den Gasherd gestellt und summt fröhlich vor sich hin, während sie den Teefilter befüllt und auf das Pfeifen des Kessels wartet.

Wir setzen uns aufs Sofa, und der aromatische Duft von Assam-Tee breitet sich im Wohnzimmer aus.

»Dein Zuhause fühlt sich so anders an als meins, Maribelle.« Ich gieße einen Schuss Milch in meinen Tee und schaue mich um. »Es ist ja ein bisschen, na ja, unordentlich, aber irgendwie habe ich trotzdem das Gefühl, dass alles viel mehr in Ordnung ist als in meinem beengenden Reihenhaus.«

Maribelle lächelt. »Viel kleiner als hier kann es ja kaum noch sein. Und wie ich gesehen habe, hast du eigentlich ganz schön viel Platz bei dir zu Hause.«

»Das stimmt, aber bei mir ist alles so steril. Mein Haus atmet irgendwie nicht – deins schon«, antworte ich leise und lasse die Schultern hängen.

Maribelle sieht mir tief in die Augen und schüttelt den Kopf. »Das sind doch nur Äußerlichkeiten«, sagt sie mit sanfter Stimme.

»Meinst du wirklich? Ich finde ja, dass sich das Innere eines Menschen auch in seiner Umgebung widerspiegelt«, entgegne ich nachdenklich. »Ich meine – schau dich doch nur mal um. Das alles hier fühlt sich an wie ein Spiegel deiner Seele.«

»Na, vielen Dank – dann muss es in meiner Seele ja ganz schön chaotisch aussehen.« Maribelle lacht herzlich. »Aber was soll's? Ich habe mir mein Zuhause einfach so eingerichtet, dass ich mich wohlfühle. Aber das heißt noch lange nicht, dass jemand, der es gern ordentlich mag, ein Spießer ist. Nur weil du deine Socken auf dem Boden verteilst, statt sie aufzuräumen, wirst du ja nicht plötzlich zu einem Freigeist. Und eine Buddhastatue hilft da auch nicht weiter«, sagt Maribelle und nickt in Richtung des Kamins, vor dem der steinerne Buddha gleichmütig lächelt.

»Ich verstehe schon, was du meinst«, sage ich.

Maribelle wendet sich mir zu und schaut mich nachdenklich an. Nach einer Weile sagt sie: »Vielleicht solltest du dir überlegen, was du wirklich ändern möchtest, Hannah – die Dinge, mit denen du dich umgibst, oder das, was in dir vorgeht.«

Maribelles Worte treffen mich wie ein Schlag. Ich schlucke schwer, während sie aufsteht und eine Gitarre aus dem Nebenzimmer holt. Das Instrument sieht alt und abgenutzt aus, doch als Maribelle darauf spielt, höre ich, dass es einen großartigen Klang hat.

»Weißt du, Hannah. Das Äußere ist oft trügerisch«, sagt Maribelle, als sie aufgehört hat zu spielen. »Diese Gitarre hier mag zum Beispiel alt und ein bisschen schäbig aussehen. Aber dennoch ist sie mein wertvollstes Instrument. Was unter der Oberfläche liegt, können wir auf den ersten Blick nur selten erkennen.«

Während Maribelle weiterspielt, scheint die Zeit stillzustehen. Ich beobachte, wie mühelos ihre Finger über die Saiten gleiten. Ich sehne mich danach, eine ebenso tiefe Verbindung zur Musik zu verspüren. Maribelle scheint meine Gedanken zu erraten, denn sie reicht mir eine andere Gitarre, die ganz ohne Kratzer und Makel ist. Ich zögere kurz, dann nehme ich sie in die Hand. Das Instrument fühlt sich kalt und fremd an, doch als ich die Saiten zum ersten Mal zupfe, spüre ich die Schwingungen bis in meine Fingerspitzen. Es ist ein seltsames, aber zugleich faszinierendes Gefühl.

»Beginnen wir ganz von vorn«, sagt Maribelle. »Es ist toll, dass du schon Erfahrung mit der Geige hast. Das wird vieles leichter machen. Also: Das Erste und mit am wichtigsten ist die Haltung.«

*

Maribelle bittet mich, vom Sofa aufzustehen, und führt mich zu einem Hocker. Sie setzt sich auf einen Stuhl neben mich und zeigt mir, wie ich die Gitarre richtig an meinen Körper anlehnen soll, damit sie bequem und stabil liegen kann. Ihre Hand führt meine, und ich spüre, wie jeder Finger seinen Platz auf dem Griffbrett findet.

»Denke immer daran, dass deine Haltung den Ton beeinflusst. Eine entspannte Hand ermöglicht einen klaren Klang – Haltung ist alles«, erklärt sie mir, und ich werde das Gefühl nicht los, dass sie mir mehr damit sagen will, als ihre Worte ausdrücken.

Nachdem ich mich eine Weile mit dem Versuch abgequält habe, die Gitarre richtig zu halten, lächelt Maribelle mich mitfühlend an und nimmt sie mir ab. »Kleine Pause. Ich spiele dir zur Entspannung jetzt mal ein kurzes Stück von Fernando Sor vor«, sagt sie, nimmt ihre

Gitarre auf den Schoß und beginnt zu spielen, nachdem ich es mir wieder auf dem Sofa bequem gemacht habe.

Ich schließe meine Augen. Die Zeit scheint stehen zu bleiben. In diesem Augenblick ist die Musik das Einzige, was zählt. Nachdem der letzte Ton verklungen ist, spreche ich Maribelle darauf an. »Ich frage mich gerade, warum ich wie verzaubert bin, wenn ich dir zuhöre.«

»Und? Bist du darauf gekommen?«

»Ich glaube, es liegt daran, dass ich alles andere vergesse, wenn ich mich ganz dem Zuhören hingebe. Ich bin dann völlig im Augenblick.«

Maribelle stellt ihre Gitarre in einen Ständer und schaut mich interessiert an. »Wo bist du denn, wenn du nicht im Augenblick bist?«

Das ist eine seltsame Frage. In gewisser Weise kann man ja nirgendwo anders sein als im Jetzt. Allerdings … »Oft bin ich mit meinen Gedanken ganz woanders«, antworte ich und blicke aus dem Fenster. »Als ich jung war, habe ich zum Beispiel viel über die Zukunft nachgedacht – ich habe ständig Pläne geschmiedet und mir ausgemalt, was ich später noch alles machen will. Aber in letzter Zeit ertappe ich mich immer öfter dabei, dass ich mich an das zurückerinnere, was früher war. An die unbeschwerten Sommertage, an denen ich mit Sarah und Dennis an den See gefahren bin – an die Zeit, als wir noch eine kleine, harmonische Familie waren. Damals schien alles noch so vielversprechend zu sein. Und das macht mich manchmal richtig traurig.«

»Das verstehe ich gut«, sagt Maribelle und trinkt einen Schluck Tee. »Und genau deshalb ist die Musik so kostbar. Sie ist eine Einladung, zuzuhören und ganz ins Hier und Jetzt einzutauchen, statt in seinen Gedanken gefangen zu sein.«

Ich nicke. »Ja, das stimmt.«

Maribelle stellt ihre Tasse behutsam zurück auf den Tisch. »Tja – aber leider wird diese Einladung nur selten angenommen. Du glaubst gar nicht, wie wenig Menschen wirklich zuhören können, ohne ständig mit ihren Gedanken ganz woanders zu sein. In meinen Konzerten kann ich das sehr genau spüren. Aber was soll's? So ist das eben. Es scheint so, als ob viele von uns einen Großteil ihres Lebens in einer Art Trancezustand verbringen und erst daraus erwachen, wenn es zu spät ist – falls überhaupt.«

»Ja, das ist traurig«, sage ich betrübt.

Maribelle sieht mich nachdenklich an. Plötzlich lacht sie und sagt: »Ach, Hannah – keine Sorge: Ich habe das starke Gefühl, dass du zu den Menschen gehörst, denen es nicht besonders schwerfällt, sich mit der Schönheit des gegenwärtigen Augenblicks zu verbinden.«

Die Katze ist aus ihren Träumen erwacht und rekelt sich auf dem Fensterbrett. Mit einem eleganten Satz landet sie auf dem Teppich, schleicht lautlos auf Maribelle zu und streicht ihr schnurrend um die Beine.

Maribelle lächelt und lässt ein paar Töne erklingen.

»Das Leben spielt sich immer nur im Jetzt ab, Hannah. Lass dich von deinen Gedanken, die immerzu in die Vergangenheit oder Zukunft reisen, nicht täuschen. Gedanken sind wie Wolken am Himmel. Du kannst beobachten, wie sie kommen und gehen. Aber lass nicht zu, dass sie sich über dir zusammenbrauen und dein Leben verdunkeln.«

Während ich über Maribelles Worte nachdenke, springt die Katze zu mir aufs Sofa und kuschelt sich an mein Bein. »Oh, wer bist denn du?«, sage ich und kraule ihr den Bauch. »Wie heißt denn deine Katze?«, frage ich Maribelle.

»Die Katze ist ein Kater und heißt Amadeus«, sagt sie lachend. »Und weißt du, was? Amadeus ist immer im Hier und Jetzt.«

»Na ja, ich schätze, für Katzen ist das auch deutlich leichter als für Menschen«, sage ich schmunzelnd. »Die wissen schließlich nicht, wie anstrengend es ist, sich ständig über alles Mögliche den Kopf zu zerbrechen, Sorgen zu haben oder Dinge zu bedauern, die in der Vergangenheit passiert sind.« Amadeus hat es sich inzwischen auf meinem Schoß gemütlich gemacht. »Manchmal sehne ich mich so sehr nach etwas Ruhe – danach, einmal ein bisschen den Kopf freizukriegen. Ich frag mich nur, wie ich das schaffen kann.«

»Mit deinem Kopf schon mal nicht«, sagt Maribelle lachend. »Denke bloß nicht darüber nach, dass du zu viel nachdenkst, denn sonst steckst du erst recht im

Grübelkarussell fest. Wenn du möchtest, dass deine Gedanken zur Ruhe kommen, solltest du einen anderen Weg einschlagen. Das Einzige, was dir helfen kann, dich aus dem Käfig in deinem Kopf zu befreien und dich wieder lebendiger zu fühlen, ist mehr Achtsamkeit. Aber Achtsamkeit lässt sich nicht denken, sondern nur praktizieren.« Sie legt mir erneut die Gitarre auf den Schoß. »Hier – spiel einfach weiter.«

Amadeus guckt etwas beleidigt, springt vom Sofa, spaziert zielstrebig auf den steinernen Buddha zu und rollt sich zu dessen Füßen zusammen. Die beiden sehen aus wie alte Freunde, die nichts aus der Ruhe bringen kann.

Maribelle steht auf, um Wasser für eine weitere Kanne Tee aufzusetzen. »Hast du Lust auf Melisse?«, fragt sie. »Die wächst hier im Garten.«

»Sehr gerne«, antworte ich, während mir langsam dämmert, dass es einiges gibt, was ich in meinem Leben ändern sollte.

Maribelle gießt das kochende Wasser durch das Teesieb. Schließlich sagt sie: »Ich glaube, dass wir uns alle tief in unserem Herzen nur eines wünschen – wir wollen glücklich sein. Nur denken wir normalerweise nicht allzu oft über das *Wie* nach.« Sie stellt den Tee auf ein Stövchen, trägt beides zum Tisch und setzt sich. »Aber das ist ja auch nicht so einfach. Eine Gitarrensaite zu stimmen, ist leicht. Notfalls kannst du ein Stimmgerät benutzen. Wenn du jedoch deine eigene Stimmung verbessern willst, gibt es leider keinen Wirbel, an dem du drehen kannst.«

»Heißt das etwa, dass ich gar nichts ändern kann?«, frage ich und schlucke. Ich muss an die trostlosen Tage denken, an denen ich kaum die Energie aufbringe, vom Sofa aufzustehen. Und an die Nächte, in denen ich mich schlaflos im Bett wälze und mir den Kopf darüber zerbreche, warum so vieles in meinem Leben schiefgelaufen ist. »Meinst du damit, dass ich mit alldem leben muss – mit der Einsamkeit, die mich manchmal wie aus dem Nichts überfällt, der Erschöpfung und der Traurigkeit?«

Maribelle sieht mich ernst an. »Ja, Hannah. Leben musst du damit, aber das ist kein Grund, dich davon überwältigen zu lassen. Du kannst lernen, achtsamer und gelassener mit schwierigen Gefühlen umzugehen. Und je präsenter du bist, desto schneller werden sich deine Probleme auflösen. Präsenz ist das Einzige, worum es letztlich geht. Sie ist der Schlüssel zur Lebendigkeit.«

»Das ist bestimmt leichter gesagt als getan.« Ich starre auf den Boden.

»Stimmt. Präsent und wach zu sein ist vielleicht das Schwierigste überhaupt. Aber gleichzeitig ist es auch das Einfachste«, antwortet Maribelle und lacht. »Es gibt nämlich nicht viel, was du dabei beachten musst. Das Wichtigste ist, dass du dir Zeit dafür nimmst. So wie du beim Stimmen eines Musikinstruments Zeit brauchst, um genau hinzuhören, solltest du dir auch viel Zeit nehmen, um nach innen zu horchen. Spüre in dich hinein, und frage dich, wie es dir geht. Wann immer du dir diese Frage stellst, wirst du wissen, wie es um deine Stimmung steht. Und dann wirst du auch wissen, was du gerade wirklich brauchst. Indem du dich dir selbst zuwendest – nicht durch Nachdenken, sondern durch Spüren –, verbindest du dich automatisch mit der Gegenwart.«

Maribelle steht auf und bringt ihre Gitarre ins Nebenzimmer. Ist der Unterricht schon beendet? Ich schaue auf die Uhr. Unglaublich: Ich bin bereits über eine Stunde hier. Ob ich Maribelle wohl langsam auf die Nerven gehe?

»Ich denke, ich sollte dann mal wieder fahren«, sage ich, als sie wieder ins Zimmer kommt. »Ich raube dir ja nur deine kostbare Zeit, und bestimmt hast du noch anderes zu tun.«

»Siehst du, Hannah – jetzt hast du dich wieder von deinen Gedanken entführen lassen. Lass es mal meine Sorge sein, dir zu sagen, falls du mir meine Zeit raubst. Mach dir nicht so viele Gedanken – noch dazu so unsinnige. Tatsächlich gibt es jetzt nämlich nur eine Sache, die ich mit meiner kostbaren Zeit machen möchte«, sagt sie lachend. »Lass uns eine Tasse Tee trinken, bevor wir weitermachen, wenn du noch ein bisschen Energie hast.«

»Allerdings – die hab ich!« Ich atme auf und bin erleichtert, dass ich noch nicht gehen muss. Ich greife zu meiner Teetasse und will gerade eine Bemerkung machen, als Maribelle »Stopp« sagt.

Sie bittet mich, die Tasse wieder auf den Tisch zu stellen. »Hannah – es gibt einen sehr einfachen Weg, deine Gedanken zur Ruhe und deine Gefühle in Harmonie zu bringen. Soll ich ihn dir verraten?«, fragt sie geheimnisvoll.

Ich schaue Maribelle mit großen Augen an und nicke. Sie nimmt eine Wolldecke aus dem Regal, schlägt sie sich in aller Ruhe um die Beine und sieht mich lange schweigend an. Ob sie es spannend machen will? Schließlich atmet sie tief ein und sagt: »Immer nur ein Schritt.«

»Wie bitte?«, frage ich erstaunt. »Ist das jetzt schon das tolle Geheimnis?«

»Genau. Du kannst nur dann vollkommen präsent sein, wenn du auch achtsam bist«, erklärt Maribelle. »Und du kannst nur achtsam sein, indem du deine ganze Aufmerksamkeit immer nur auf eine Sache zur gleichen Zeit richtest. Gegenwärtig zu sein bedeutet, dass du dir jedes einzelnen Schrittes auf dem Weg bewusst bist, statt nur zum Ziel zu eilen.«

Maribelle nimmt behutsam ihre Teetasse in die Hand und lädt mich ein, es ihr gleichzutun. »Wenn du Tee trinkst, dann trinke nur Tee. Rieche und schmecke den

Tee – das Aroma der frischen Melisse. Lasse nicht zu, dass deine Gedanken dich entführen und die Schönheit dieses Augenblicks zerstören.«

Vorsichtig atme ich den aufsteigenden Dampf ein und nehme den zitronigen Duft der Melisse wahr. Ich probiere einen kleinen Schluck und bemühe mich, sämtliche Nuancen des Teearomas in ihrer Tiefe zu erfassen. Ich spüre die Wärme der Tasse in meinen Händen. In meinem Bauch breitet sich ein wohliges Gefühl aus, und ich fange an, mich mehr und mehr zu entspannen, während ich den Tee genieße.

Schweigend sieht Maribelle mir zu. Als ich die Augen öffne, lächelt sie mich an und sagt: »Merkst du es, Hannah? Selbst so eine alltägliche Sache wie Teetrinken kann zu einer kleinen Meditation werden. Wenn du achtsam und ganz präsent bei dem bist, was du tust, kann sich das Gewöhnliche in etwas sehr Außergewöhnliches verwandeln.«

Als wir weiterspielen, zeigt Maribelle mir geduldig, wie ich die Finger auf das Griffbrett setzen und welche Saite ich wann zupfen muss. Anfangs fühlt sich das Ganze noch recht holprig an, aber mit jeder Wiederholung spüre ich, wie meine Finger mehr und mehr auf dem Griffbrett zu tanzen beginnen. Offenbar hat sich mein Geigenunterricht doch ausgezahlt.

Ich muss an meine strenge Geigenlehrerin zurückdenken. Wie hieß sie noch gleich? Während der Geigenstunde hat sie sich unablässig die Hände eingecremt. Ich kann mich nicht erinnern, dass sie mir jemals etwas vorgespielt hat – wie auch, mit klebrigen Fingern?

»Vergeude das Geschenk des Augenblicks nicht, indem du dich in deiner Vergangenheit verlierst.« Wie hat Maribelle bloß gemerkt, dass ich nicht mehr bei der Sache bin? Und woher weiß sie, dass ich an meine Kindheit gedacht habe? Kann sie etwa Gedanken lesen? Ich fühle mich ertappt und spüre, wie ich rot werde.

»Ist schon okay, Hannah. Ich wollte dir kein schlechtes Gewissen machen.« Maribelle studiert meinen Gesichtsausdruck und lächelt mich freundlich an. »Es ist völlig normal, dass unsere Aufmerksamkeit nicht lange bei einer Sache bleibt. Gedanken und Bilder kommen und gehen – das ist bei jedem so. Wichtig ist nur, dass du in dem Moment, in dem dir das bewusst wird, wieder zu dem zurückkehrst, was du in der Gegenwart tust, fühlst und wahrnimmst.«

»Tja, aber das ist leider nicht so einfach«, erwidere ich.

Maribelle lacht. »Ja – wie gesagt: Präsent zu sein ist vielleicht das Schwierigste überhaupt. Und gleichzeitig ist es doch auch sehr einfach. Nur ist das Einfache eben manchmal schwer, wenn wir es nicht gewohnt sind. Sieh mal – um achtsam zu sein, musst du nichts Zusätzliches tun. Im Gegenteil: Im Moment genügt es zum Beispiel vollkommen, die Gitarre auf deinem Schoß zu spüren und den Ton zu hören, der gerade erklingt. Erinnerst du dich? Immer nur ein Schritt – immer nur ein Ton.«

»Das klingt wirklich nicht besonders kompliziert«, sage ich seufzend.

»Und doch macht es einen riesigen Unterschied – nicht nur in der Musik. Präsent zu sein verändert einfach alles. Die Art, wie du gehst, isst, trinkst, sprichst oder zum Beispiel auch dein Geschirr spülst.«

»Mein Geschirr spüle? Das gehört nun nicht gerade zu meinen Lieblingsbeschäftigungen.«

»Es geht auch gar nicht darum, ob du etwas gerne oder nicht so gerne tust. Sondern einfach nur darum, alles, was du tust, entspannt und mit einem klaren Geist zu tun. Wenn du deine Teller abspülst, kannst du spüren, wie das warme Wasser dir über die Hände läuft. Du riechst den Duft des Spülmittels, spürst das Porzellan zwischen deinen Fingern und hörst das Plätschern des Wassers. Wenn du jeden Handgriff ganz bewusst machst und dabei wach bleibst, wird sich das lästige Abspülen in eine wunderbare Meditation verwandeln – und am Ende hast du dann auch noch sauberes Geschirr«, sagt Maribelle lachend.

Vielleicht hat sie ja recht: Vielleicht ist alles wirklich sehr viel weniger anstrengend, als ich dachte, und ich muss nur einen Schalter in meinem Kopf umlegen. Für einen Moment glaube ich ganz fest daran und fühle, wie mir warm ums Herz wird.

Nachdem ich noch ein paar Tonleitern gespielt habe, die inzwischen ganz gut klingen, steht Maribelle auf und zieht ein Notenblatt aus dem Regal. »Spanische Romanze« steht darauf.

»Du kennst dieses Stück bestimmt«, sagt sie und spielt es mir vor. Natürlich kenne ich es. Wahrscheinlich kennt jeder diese kleine Melodie. Doch nun übergibt Maribelle mir die Gitarre und bittet mich, es selbst zu probieren. Ich schrecke zusammen, als ich einen Blick auf die Noten werfe, und muss erst einmal tief durchatmen, bevor ich beginne, nach den richtigen Tönen zu suchen. Ich spiele jede Note zaghaft und unbeholfen. Immer wieder verirren sich meine Finger auf dem Griffbrett. Schon bald bin ich der Verzweiflung nahe. Es fühlt sich an, als hätte Maribelle mich ins kalte Wasser gestoßen. Sie lehnt sich in aller Seelenruhe auf ihrem Stuhl zurück, trinkt eine Tasse Tee und beobachtet, wie ich mich abmühe. Aber so schnell gebe ich nicht klein bei. Und da ich ja immerhin Noten lesen kann, schaffe ich es schließlich, den Anfang des Stücks erklingen zu lassen. Natürlich ist es alles andere als perfekt – aber immerhin. Ich schaue Maribelle stolz an.

Sie lächelt zufrieden. »Ich hatte schon bei unserer ersten Begegnung das Gefühl, dass du nicht so leicht aufgibst. Und wie du siehst: Beharrlichkeit lohnt sich. Es klingt wirklich schon wie die *Spanische Romanze* – jedenfalls so ziemlich.« Maribelle zwinkert mir verschmitzt zu.

Ich freue mich über ihr Lob und versuche es erneut, wiederhole das Stück immer wieder. Und mit jeder Wiederholung fällt es mir leichter, mich in die Musik hineinfallen und von ihr tragen zu lassen. Ich beginne zu ahnen, um was es geht. Je weniger Willenskraft ich aufwende und je weniger ich zu kontrollieren versuche, desto leichter fällt es mir, mich dem Fluss der Musik anzuvertrauen. Und ich werde den Verdacht nicht los, dass mein Leben ganz anders verlaufen würde, wenn ich mich trauen würde, auch sonst öfter einmal die Kontrolle aufzugeben, weniger zu denken und einfach loszulegen.

Als es Zeit ist, den Unterricht zu beenden, schüttele ich meine Finger aus. Ich spüre eine tiefe Zufriedenheit in mir. Auch wenn ich es nicht in Worte fassen kann, weiß ich doch, dass Maribelle mir etwas unendlich Kostbares geschenkt hat. Zum ersten Mal seit vielen Jahren habe ich das Gefühl, dass sich wieder etwas tut – dass sich etwas zu verändern beginnt.

Während ich mich zum Gehen bereit mache, neigt sich die Sonne schon dem Horizont zu. Maribelle begleitet mich zur Haustür. Als ich meinen Mantel anziehe, fällt mir ein, dass ich ja gar keine Gitarre besitze. Aber Maribelle hat die Gitarre, auf der ich gespielt habe, schon in einen Gitarrenkoffer gepackt und drückt ihn mir in die Hand.

»Fürs Erste wird sie dir gute Dienste leisten«, sagt sie. »Übe möglichst jeden Tag, auch wenn es nur ein paar Minuten sind. Nimm dir regelmäßig etwas Zeit, und mach dir klar, dass die Zeit, die du mit der Gitarre verbringst, eine Zeit ist, die du dir selbst schenkst. Geh also ruhig mit Freude und nicht zu verbissen an die Sache ran«, sagt Maribelle lachend, die nicht ganz zu Unrecht ahnt, dass mein Ehrgeiz mir im Weg stehen könnte.

Ich nicke. »Ich werde fleißig üben. Und ich möchte dir sehr danken – für alles, was du für mich tust, Maribelle. Ich kann dir gar nicht sagen, wie wichtig das für mich ist.« Ich bin ihr so dankbar, dass sich meine Augen mit Tränen füllen, als wir uns zum Abschied herzlich umarmen.

»Nächste Woche um die gleiche Zeit?«

»Sehr gerne«, sage ich strahlend.

»Und denk daran«, Maribelle legt mir eine Hand auf die Schulter. »Die Gegenwart ist der einzige Ort, an dem du tatsächlich Einfluss ausüben kannst – es ist deine Bühne, Hannah, dein Moment im Rampenlicht. Nutze deine Bühne gut.«

Im Auto fällt mir ein, was Maribelle über die Gegenwärtigkeit gesagt hat. *»Wenn du Tee trinkst, dann trinke nur Tee.«*

Ich atme tief durch und starte das Auto. Jetzt fahre ich nach Hause. Wenn ich fahre, fahre ich nur, ohne mich von Gedanken an das, was war oder sein wird, ablenken zu lassen. Eine ganz schöne Herausforderung.

*

Zu Hause angekommen, lege ich sanft die Gitarre und die Noten auf mein Bett. Ich habe doch noch irgendwo eine Stimmgabel? Auf dem Speicher krame ich in einer Schublade und finde tatsächlich noch die alte Stimmgabel und daneben einen zusammengeklappten Notenständer. Der Ständer ist schon arg in die Jahre gekommen – aber er erfüllt seinen Zweck. Ebenso wie der kleine Küchenhocker, den ich in mein Schlafzimmer stelle, um auf ihm zu üben.

Es ist schon spät geworden, und eigentlich wollte ich noch meine Mails checken, doch die Gitarre ist mir jetzt wichtiger, und ich kann es gar nicht erwarten, sie auszupacken. Während ich die ersten Takte spiele, fühle ich mich an meine Kindheit erinnert. Wäre ich mit dieser Begeisterung bei der Geige geblieben, dann wäre ich vielleicht auch Musikerin geworden. Aber meine strenge Geigenlehrerin hat mir die Freude an der Musik schnell ausgetrieben. Ich überlege mir, mir einen ebenso schönen Holz-Notenständer zu besorgen wie den, der in Maribelles Wohnzimmer steht. Ob das kleine Musikgeschäft in der Seitenstraße der Fußgängerzone noch existiert?

Auf einmal merke ich, dass ich schon wieder in meinem Kopf gelandet bin. Aber Maribelle hat mich gut vorbereitet. *»Es ist völlig normal, dass unsere Aufmerksamkeit nicht lange bei einer Sache bleibt«*, hat sie gesagt. Wichtig ist nur, sanft wieder ins Hier und Jetzt zurückzukehren, sobald uns das bewusst wird. Und so konzentriere ich mich wieder ganz auf die Musik und auf das Üben, lausche den Tönen und Harmonien und achte zwischendurch öfter einmal auf meine Haltung.

Allmählich habe ich den Bogen raus. Es gelingt mir immer besser, ganz im Augenblick zu sein – zumindest zeitweise. Als ich auf die Uhr sehe, kann ich es kaum glauben: Es ist schon nach Mitternacht. Ich habe jegliches Zeitgefühl verloren. Das leichte Brennen in meinen Fingern ist ein süßes Gefühl, denn es erinnert mich an die Fortschritte, die ich gemacht habe. Genug für heute.

Erschöpft, aber zufrieden kuschele ich mich unter die Bettdecke. Bevor ich das Licht ausknipse, fällt mir das kleine Notizbuch ein, das im Nachttischchen liegt, und ich setzte mich noch einmal auf. Ich führe zwar nicht regelmäßig Tagebuch, aber ab und zu halte ich Gedanken oder besondere Erfahrungen in diesem Büchlein fest, das ich jetzt aus der Schublade hole.

Auf eine leere Seite schreibe ich in geschwungener Schrift: »Maribelles Geheimnisse«. Ich lasse den heutigen Unterricht noch einmal Revue passieren und schreibe mir die wichtigsten Punkte auf.

MARIBELLES GEHEIMNISSE

- *Wenn du Tee trinkst, dann trinke Tee. So als ob du zum ersten Mal Tee trinken würdest. Das ist Gegenwärtigkeit.*
- *Deine Haltung bestimmt, ob du klar und frei bist. Die beste Haltung ist, ganz im Hier und Jetzt zu sein.*
- *Lebe jeden Augenblick mit Hingabe und Achtsamkeit.*

- *Lege dein Herz in die Musik, und folge deinem Herzen.*
- *Sei wie ein Fluss. Immer im Jetzt. Ohne an seinen Ursprung oder sein Ziel zu denken, fließt er mühelos zum Meer.*

*

Morgens werde ich vom Regen geweckt, der an mein Fenster trommelt. Eine friedliche Atmosphäre erfüllt den Raum. Ich öffne die Augen und lasse meinen Blick durchs Zimmer schweifen, bis ich die Gitarre entdecke, die am Sessel neben meinem Bett lehnt. Ein Lächeln huscht über mein Gesicht, und für einen Moment vergesse ich, dass heute Montag ist.

Ein kurzer Blick auf mein Handy genügt, um mich aus meiner morgendlichen Trance zu reißen. Schon kurz vor acht. Wenn ich rechtzeitig im Verlag sein möchte, muss ich mich jetzt ganz schön beeilen. Ich springe aus dem Bett und beginne mich hastig anzuziehen.

Bevor ich zum Regenschirm greife und das Haus verlasse, werfe ich noch einen letzten sehnsüchtigen Blick auf die Gitarre. Summend verlasse ich das Haus.

*

Im Büro wartet viel Arbeit auf mich. Manuskripte zu bewerten und fremdsprachige Bücher daraufhin zu prüfen, ob sie sich für eine Übersetzung eignen, ist dabei nur ein kleiner Teil meines Jobs. Aber der Teil, bei dem ich am meisten falsch machen kann. Was, wenn ich ein Manuskript ablehne, das dann ein anderer Verlag zum Weltbestseller macht? Heute Nachmittag wartet außerdem noch ein anstrengendes Meeting, wo es um die Titelfindung der Bücher fürs nächste Programm geht. Und dann muss ich mit einer etwas schwierigen Autorin telefonieren, die bereits letzte Woche mehrmals dringend um Rückruf gebeten hatte. Mein Bauch zieht sich zusammen. Und während ich an die vielen Dinge denke, die heute erledigt werden müssen, spüre ich, wie ich auch noch die Schultern hochziehe und mein Rücken sich verspannt.

»Haltung ist alles«, höre ich Maribelles Stimme in meinem Kopf. So deutlich, als säße sie neben mir und würde mir ins Ohr flüstern. Ich setze mich etwas aufrechter hin, versuche, meine Schultern und meinen Bauch zu entspannen, und atme ein paarmal tief durch. Und dann fällt mir noch etwas ein, was Maribelle gesagt hat: *»Immer nur ein Schritt.«*

Eigentlich ist es ja so einfach. Ich kann nicht zaubern – jedenfalls nicht, dass ich wüsste. Und daher kann ich auch nicht mehr als eine Sache auf einmal machen. *»Ein Ton nach dem anderen …«* Als mir das klar wird, muss ich lächeln. Die Arbeit ist vor allem deshalb so anstrengend, weil meine vorauseilenden Gedanken sie so anstrengend erscheinen lassen. Doch im Grunde kann ich mich ja tatsächlich immer nur einer Aufgabe widmen. Und so entscheide ich mich, mir zunächst in aller Ruhe ein Glas Wasser einzuschenken und dann den Computer hochzufahren.

»Hey, Hannah. Alles Gute nachträglich zum Geburtstag.« Meine junge Kollegin Sabine, die letzte Woche krank war, steht in der Tür. »Hast du schön gefeiert?«

»Ja – es war ein tolles Fest. Ich wollte ja eigentlich gar nicht feiern, aber zum Glück wurde ich dazu überredet.« Ich lächle Sabine freundlich zu.

Sie schaut mich eine Weile verblüfft an. »Bist du verliebt oder so was?«, fragt sie. »Du siehst so glücklich aus. Und deine Ausstrahlung – irgendwie wirkst du viel strahlender.«

Nun muss ich lachen. »Nein, verliebt bin ich nicht, ich habe bloß angefangen, Gitarre zu spielen … Aber, wer weiß, es gibt ja einige Leute, die der Musik eine geradezu magische Wirkung zuschreiben.«

*

Während der Mittagspause im Verlag setze ich mich nicht, wie sonst, mit meinen Kolleginnen in die Kantine, sondern mache einen kleinen Spaziergang im Park hinter dem Verlagsgebäude. Es hat aufgehört zu regnen. Ein zarter Windhauch streift meine Haare. Es ist ziemlich kühl, und ich ziehe den Kragen meiner

Jacke höher. Ich höre, wie die Vögel in den Bäumen zwitschern.

»Sei wie ein Fluss – immer im Jetzt.« Maribelles Worte wirken in mir wie eine magische Medizin. Selbst so einfache Dinge wie Spazierengehen fühlen sich plötzlich wie eine Einladung an. Bisher war ich immer in Gedanken bei der Arbeit, habe über Projekte nachgedacht oder mir den Kopf über anstehende Herausforderungen zerbrochen, wenn ich mittags durch den Park gelaufen bin. Doch jetzt bin ich wirklich ganz hier – und das ist mehr als genug.

Es fühlt sich wunderbar an, mich zu bewegen. Ich genieße jeden Schritt. Ich spüre die Erde unter meinen Füßen und fühle, dass jeder meiner Schritte mich zu dem einzigen Ziel führt, das sich wirklich zu erreichen lohnt – zu mir selbst.

DAS GEHEIMNIS DES ATEMS

Dies ist einfach nicht mein Tag. Ich habe irgendetwas Gruseliges geträumt und quäle mich regelrecht aus dem Bett. Dann werfe ich einen Blick in meinen Kalender. Heute stehen mir anstrengende Meetings im Verlag bevor.

Angespannt stehe ich im Bad vor dem Spiegel und putze mir die Zähne. »Tja, Hannah – wie war das doch gleich mit der Achtsamkeit und der Leichtigkeit?«, scheint mein Spiegelbild mich wie zum Hohn zu fragen. Doch so weit, dass ich anfange, mit meinem Badezimmerspiegel zu diskutieren, ist es zum Glück noch nicht.

Während ich mir den Mund ausspüle, wird mir eines klar: Mit ein paar positiven Formeln ist es nicht getan. Ich muss dringend wieder runterkommen – die Frage ist nur, wie. Mist! Ich merke, dass ich keinen Schimmer habe. Dann fällt mir ein, dass ich mir ja kürzlich einige Notizen gemacht habe.

Ich eile zu meinem Nachttischchen, öffne die Schublade und ziehe das kleine Notizbuch heraus. Dann setze ich mich aufs Bett und überfliege noch einmal Maribelles Lektionen:

MARIBELLES GEHEIMNISSE

- *Wenn du Tee trinkst, dann trinke Tee. So als ob du zum ersten Mal Tee trinken würdest. Das ist Gegenwärtigkeit.*
- *Deine Haltung bestimmt, ob du klar und frei bist. Die beste Haltung ist, ganz im Hier und Jetzt zu sein.*
- *Lebe jeden Augenblick mit Hingabe und Achtsamkeit.*
- *Lege dein Herz in die Musik und folge deinem Herzen.*
- *Sei wie ein Fluss. Immer im Jetzt. Ohne an seinen Ursprung oder sein Ziel zu denken, fließt er mühelos zum Meer.*

Ich runzele die Stirn und schüttele den Kopf. Ein Haufen aneinandergereihter Wörter, die zwar schön klingen – aber es könnten ebenso chinesische Schriftzeichen sein. Ich weiß nicht das Geringste damit anzufangen. Frustriert lege ich das Büchlein weg.

Bevor ich das Haus verlasse, werfe ich noch einen Blick auf die Gitarre. Sie lehnt stumm und vorwurfsvoll in der Ecke. Eigentlich hatte ich mir vorgenommen, früher aufzustehen und noch ein wenig zu üben, doch ich bin einfach nicht aus dem Bett gekommen. Und jetzt ist es zu spät.

*

Auf dem Gang zu meinem Büro fängt Kim mich ab. »Guten Morgen, Hannah«, begrüßt sie mich. »Stell dir vor, Elsie und Andrea sind krank. Beide! Das kann ja lustig werden heute.«

Ja – sehr lustig. Die dreifache Arbeit für mich. Na toll. Allerdings ... vielleicht ist das ja gar nicht so schlecht. Solange ich mich in die Arbeit knien muss, habe ich zumindest keine Zeit, in Grübeleien zu versinken.

Ich schalte den Computer ein und hänge meine Jacke auf. Während der Computer im Schneckentempo hochfährt, trommele ich unruhig mit den Fingern auf die Schreibtischplatte. Warum dauert das denn so lange?

Ich konzentriere mich auf meine Arbeit. Dutzende von E-Mails warten in meinem Postfach darauf, bearbeitet zu werden ... Ich versuche, die wichtigsten herauszusieben, und mache mich daran, die Mails zu beantworten. Zwischendurch fällt es mir unglaublich schwer, mich zu konzentrieren und die richtigen Worte zu finden. Ich bin heilfroh, als ich das Verlagsgebäude verlassen kann.

Draußen atme ich tief ein und lasse meine Lungen sich mit der frischen Luft füllen. Eine kühle Brise streicht sanft über meine Wangen, und zum ersten Mal heute fühle ich mich selbst wieder. *Lebe jeden Augenblick mit Achtsamkeit und Hingabe,* hat Maribelle gesagt. Jetzt verstehe ich sehr gut, was sie damit gemeint hat. Nur habe ich leider nicht das Gefühl, diesen Zustand »machen« zu können – es scheint eher eine Frage des Zufalls zu sein. Ich nehme mir vor, Maribelle nächstes Mal darauf anzusprechen.

*

Heute ist Sonntag, und ich fahre zu Maribelle. Ich freue mich schon auf die friedliche, fast meditative Ausstrahlung, die von ihr ausgeht, denn ein wenig Ruhe kann ich gut gebrauchen.

Maribelle bittet mich ins Wohnzimmer, wo ich sofort anfange, hektisch meine Gitarre und die Noten auszupacken.

»Hol erst mal tief Luft, Hannah«, sagt sie und lächelt mich an. Und erst jetzt spüre ich, wie angespannt ich von der anstrengenden Arbeitswoche bin.

Nachdem wir eine Weile plaudernd zusammengesessen haben, fühle ich mich schon wesentlich entspannter.

»Und – sollen wir loslegen?«, fragt Maribelle.

»Klar, ich bin breit.«

Während ich meine Finger mit einigen Tonleitern aufwärme, gibt Maribelle mir noch ein paar Tipps zu meiner Haltung. Schließlich spiele ich ihr die *Spanische Romanze* vor. Nachdem der letzte Akkord verklungen ist, sieht Maribelle mich lange schweigend an, als hätte sie Mühe, die richtigen Worte zu finden. *Oh weh,* denke ich, lass den Kopf hängen und mache mich auf das Schlimmste gefasst.

»Hannah – du hast offenbar sehr fleißig geübt. Du spielst es nahezu perfekt – zumindest, was die Töne und den Rhythmus betrifft«, sie zögert, bevor sie weiterspricht. »Das Problem ist nur, dass die Musik nicht atmet. Und ich glaube, das liegt daran, dass du mit deinen Gedanken woanders warst, statt ganz in diesem Augenblick zu sein.«

Jetzt reißt mir langsam der Geduldsfaden. Im Grunde weiß ich ja selbst nur zu gut, dass ich mit meinen Gedanken oft nicht bei der Sache bin. Aber wie ich das ändern kann, das ist mir völlig schleierhaft. Frustriert lege ich die Gitarre auf die Seite.

»Maribelle – du hast mir viel darüber erzählt, wie wichtig es ist, jeden Augenblick mit Hingabe zu leben«, sage ich leicht gereizt. »Und dafür bin ich dir auch wirklich sehr dankbar. Ich weiß jetzt, dass es mir gar nicht guttut, ständig in meinen Grübeleien festzustecken. Aber wie ich das verhindern kann, das hast du mir bisher leider nicht verraten.«

»Eigentlich doch«, antwortet Maribelle und lächelt mitfühlend. »Ich habe gesagt, dass die Musik nicht geatmet hat. Ohne Atem stirbt die Musik, ebenso wie es ohne Atem auch kein Leben geben kann. Aber es stimmt natürlich – sehr konkret war das nicht gerade.«

»Siehst du! Genau das meine ich. Du hast wirklich eine Begabung, in Rätseln zu sprechen«, sage ich, und jetzt müssen wir beide lachen.

Maribelle steht auf, öffnet das Fenster und lässt die Nachmittagsluft ins Zimmer. Sie riecht nach Erde, Moos und Wald.

»So, jetzt atme erst einmal tief durch, und dann erkläre ich dir ein paar Dinge – ganz ohne Rätsel«, verspricht Mirabelle und setzt sich aufs Sofa. Ich atme tief ein und sehe sie erwartungsvoll an.

»Also erstens: Der Atem ist sehr viel wichtiger, als du vielleicht denkst«, sagt sie.

»Na ja – wenn ich nicht atmen würde, wäre ich wohl kaum noch am Leben. Das ist mir schon klar.«

»Das stimmt allerdings«, sagt Maribelle lachend. »Aber es geht noch um etwas anderes. Du wolltest doch wissen, wie du deine grübelnden Gedanken ganz konkret zur Ruhe bringen kannst, stimmt's?«

Ich nicke, und Maribelle fährt fort: »Den ganzen Tag über verlieren wir uns in Tausenden von Dingen. Wir jagen ständig diesem und jenem hinterher und verpassen es dabei, uns Zeit für uns zu nehmen und zu uns selbst zurückzukehren. Unser Kopf ist voller Lärm, und deshalb hören wir den leisen Ruf unseres Herzens nicht.«

Maribelles Worte versetzen mir einen Stich, denn sie treffen bei mir genau ins Schwarze. »Du meinst, dass wir praktisch ständig an uns vorbeileben?«

»Ja – das trifft es gut«, antwortet sie ernst und gießt etwas Milch in ihren Tee. »Und wenn wir über längere Zeit in unseren Gedanken feststecken und die Verbundenheit zum lebendigen Augenblick verlieren – zu dem, was wir in der Gegenwart erfahren können –, dann verlieren wir den Kontakt zu uns selbst und werden uns früher oder später selbst fremd.«

»Und dann können wir nicht so schön Gitarre spielen?«, frage ich schmunzelnd.

»Zum Beispiel«, sagt sie, »aber schön Gitarre zu spielen steht ja für die meisten von uns nicht gerade ganz oben auf der Wunschliste. Wenn wir uns jedoch nicht darum kümmern, das Geplapper in unserem Kopf zu beruhigen und aus dem Gedankenstrudel auszusteigen, wird unser Leben irgendwann ziemlich langweilig und grau.«

»Aber was hat das mit dem Atmen zu tun? Ich atme doch sowieso«, sage ich.

»Klar, aber nur, weil du etwas sowieso tust, heißt es leider noch nicht, dass du es auch bewusst tust. Doch genau darauf kommt es an – jedenfalls dann, wenn du die Verabredung mit deinem Leben in der Gegenwart nicht verpassen willst.«

»Meinst du damit, ich kann mich sozusagen ins Hier und Jetzt atmen?«

Maribelle grinst und pustet sich eine Locke aus dem Gesicht. »Das hast du jetzt aber schön gesagt. Und es stimmt sogar: Durch achtsames Atmen kannst du zu dir selbst zurückkehren und die Freude am Leben wiedergewinnen. Wenn du deine Aufmerksamkeit sanft auf den Atem richtest und dabei nicht zu schnell die

Geduld verlierst, wirst du bald merken, wie lebendig du eigentlich bist.« Maribelle fixiert mich intensiv. »Achtsames Atmen ist wie eine Brücke – du kannst sie jederzeit nutzen, denn dein Atem ist immer im Jetzt, so wie dein Körper immer im Jetzt ist. Jeder Atemzug bietet dir die Chance, dich mit der Gegenwart zu verbinden und ganz bei dir und in deinem Körper anzukommen, statt dich von deinen Gedanken entführen zu lassen.«

»Meinst du damit, dass ich jetzt mit fünfzig noch lernen soll, wie man atmet?«

»Ach wo. Atmen musst du ja nicht lernen – es geht um etwas anderes.«

»Und um was?«, frage ich ungeduldig.

»Darum, dich deinem Atem zuzuwenden. Darum, dich mit deinem Atem anzufreunden. Mache dir deinen Atem zu einem Verbündeten. Lerne, ihn wahrzunehmen und wertzuschätzen. Das wird nicht nur die Art, wie du Gitarre spielst, sondern noch sehr viel mehr in deinem Leben verändern.«

Ich lasse Maribelles Worte auf mich wirken und blicke gedankenverloren aus dem Fenster. Draußen verabschiedet sich allmählich der Sommer – die Zeit der langen, hellen Abende ist vorbei. Das üppige Grün der Baumkronen ist schon von Gelb- und Goldtönen durchsetzt. Ein sanfter Wind streicht durch die Äste. Die ersten Blätter haben es aufgegeben, sich an ihnen festzuhalten, und sammeln sich bereits auf dem

Waldboden an. *Alles atmet,* denke ich – *nicht nur die Menschen, auch die Bäume, die Jahreszeiten, die ganze Natur.* Doch das löst nicht mein Problem. Noch immer weiß ich nicht, was ich denn konkret tun kann, um meinen Atem als Brücke ins Jetzt zu nutzen.

Als ich Maribelle frage, ob es beim achtsamen Atmen darum geht, besonders tief oder in irgendeinem speziellen Rhythmus zu atmen, schüttelt sie den Kopf und deutet auf den Sessel am Kamin, auf dem Amadeus schläft. »Schau dir Amadeus mal genau an. Siehst du, wie sich sein Bauch hebt und senkt?«, fragt sie. »Vollkommen harmonisch, im Einklang mit sich selbst – und das ganz ohne Anstrengung.«

Ich nicke, und je länger ich dem schlafenden Kater beim Atmen zusehe, desto mehr entspanne ich mich.

»Achtsames Atmen ist kein Yoga«, sagt Maribelle. »Es ist ganz einfach und ganz natürlich – schwierig wird es nur, wenn wir es uns zu kompliziert machen.«

Maribelle lädt mich ein, mich auf einen Stuhl zu setzen.

»Also gut«, sagt sie. »Probieren wir es mal aus. Schließ deine Augen, wenn das für dich okay ist. Wie wichtig die Haltung ist, weißt du ja schon. Setz dich am besten auf die vordere Hälfte des Stuhls und versuche, entspannt, aber aufrecht zu sitzen, ohne dich anzulehnen – so, wie ich es dir beim Gitarrenspiel gezeigt habe. Nur solltest du diesmal beide Füße gleichmäßig auf den Boden stellen.«

Ich rutsche ein wenig auf dem Stuhl hin und her und finde schließlich eine angenehme Position. Ich lege meine Hände entspannt auf die Oberschenkel, halte den Rücken gerade und versuche, meine Schultern und mein Gesicht zu entspannen, wie Maribelle es mir schon in der ersten Stunde eingeprägt hat.

»Und jetzt?«, frage ich.

»Jetzt suchst du nach einem passenden Ort für ein Rendezvous mit deinem Atem.«

»Wie bitte?« Ich bin nicht sicher, ob ich mich verhört habe oder ob Maribelle jetzt völlig verrückt geworden ist.

»Ich meine kein italienisches Restaurant oder so was«, sagt Maribelle heiter, und ich sehe förmlich vor mir, wie sie in sich hineinlacht.

»Suche die Stelle in deinem Körper, wo du deinem Atem am besten begegnen kannst. Oder anders gesagt: Finde heraus, wo du ihn am deutlichsten spürst.«

Ich wende meine Aufmerksamkeit nach innen. Ich spüre, wie die Luft in meiner Nase ein- und wieder ausströmt und wie sich auch die Brust bei jedem Einatmen weitet. Es fühlt sich beruhigend an, den Atem wahrzunehmen, und ich wundere mich, dass mir in fünfzig Jahren noch nie wirklich bewusst geworden ist, dass ich atme.

»Wo kannst du deinen Atem wahrnehmen?«, fragt Maribelle nach einer Weile.

»Ein bisschen in der Nase und in der Brust … aber

am deutlichsten spüre ich ihn in meinem Bauch«, antworte ich leise.

»Tja, das hast du dir wahrscheinlich von Amadeus abgeschaut«, sagt sie lachend. »Aber dann ist eben dein Bauch genau der richtige Ort für die Begegnung mit deinem Atem. Bleibe jetzt einfach eine Weile dabei, deinen Atem dort zu beobachten. Schau genau hin. Spüre den Rhythmus.«

Maribelle schweigt. Sie schweigt viel länger, als ich erwartet hatte. Also wende ich mich ganz meinem Atem zu. Am Anfang fällt es mir schwer, weil ich dauernd versuche, besonders langsam zu atmen.

»Du brauchst dich nicht anzustrengen. Denk an Amadeus, Hannah.«

Maribelle beobachtet mich genau. »Manchmal ist es nicht so leicht, nicht einzugreifen, weil wir das nicht gewohnt sind«, sagt sie. »Aber bei dieser Übung kannst du es lernen. Beobachte einfach nur das Heben und Senken der Bauchdecke. Lass den Atem kommen und gehen – und wenn Gedanken oder Ablenkungen auftauchen, macht das nichts. Sobald du bemerkst, dass du abschweifst, entspannst du dich und lenkst deine Aufmerksamkeit dann wieder geduldig darauf, deinen Atem zu beobachten. Das ist alles. Und wenn du hundertmal abschweifst, dann kommst du mit deiner Achtsamkeit eben hundertundeinmal wieder zu deinem Atem zurück.«

Auch wenn es ein wenig dauert, spüre ich, wie ich allmählich ruhiger werde. Zunächst tauchen immer wieder Erinnerungen an das Telefonat mit Lina auf. Außerdem erwische ich mich dabei, dass ich an die Präsentation denken muss, die ich nächste Woche halten soll. Aber wie Maribelle es mir geraten hat, kehre ich immer wieder geduldig zur Beobachtung meines Atems zurück. Ein – aus – ein – aus …

»Wenn dein Atem zur Ruhe kommt, dann kommt auch dein Geist zur Ruhe. Achtsames Atmen bringt dich in deine Mitte zurück«, flüstert Maribelle.

*

Nachdem ich die Übung beendet und die Augen wieder geöffnet habe, strecke ich mich und lächle Maribelle glücklich an. »Das war unglaublich«, sage ich staunend. »Wie ist das möglich, dass etwas so Naheliegendes wie der Atem eine solche Wirkung auf meine Stimmung hat?«

»Den Wert des Naheliegenden übersehen wir leider ziemlich oft«, sagt Maribelle. »Ich weiß nicht, ob man es erklären kann, und auch nicht, ob ich es dir erklären sollte, denn es könnte ein wenig von dem Zauber zerstören, wie es das Analysieren ja immer tut.« Maribelle zögert. »Aber es gibt schon eine mögliche Erklärung.«

Ich schaue meine Lehrerin mit großen Augen an, und sie fährt fort: »Achtsamkeit ist eine milde, entspannte Art der Konzentration. Indem du dich auf deine Atembewegung konzentrierst, gibst du deinem Kopf etwas zu tun – einen Job. Wenn du zu Hause auf dem Sofa oder im Bus sitzt und nichts tust, langweilt sich dein Kopf und die Gedanken überschlagen sich – du fängst an zu grübeln. Aber wenn du deine Aufmerksamkeit auf deinen Atem lenkst, sammelst du dich – dann bist du nicht mehr im Denken, sondern im Empfinden. Gedanken tauchen dann zwar immer noch auf, aber du wirst dir dessen bewusst, und sie können dich nicht mehr so leicht an der Nase herumführen. Außerdem beruhigen sie sich mit der Zeit ganz von selbst.«

»Was heißt mit der Zeit? Muss ich möglichst lange sitzen und meinen Atem beobachten?«

»Bloß nicht«, antwortet Maribelle. »Ganz im Gegenteil. Gerade am Anfang genügt es, den Atem nur wenige Minuten lang zu beobachten. ›Mit der Zeit‹ heißt, dass du es über einen längeren Zeitraum regelmäßig üben solltest. Nur wenn du dir möglichst täglich etwas Zeit nimmst, wirst du wirklich auf den Geschmack kommen. Das ist ja auch nicht anders, wenn du Gitarre spielen lernst. Ach – und apropos Gitarre.«

Maribelle geht zum Klavier, blättert eine Weile in den Notenstapeln herum, zieht schließlich ein Notenblatt heraus und legt es aufs Pult.

»Schau mal – hier ist ein kleines Menuett von Mozart«, sagt sie. »Eigentlich wurde es für Klavier komponiert, aber in der Gitarrenfassung hört es sich auch sehr schön an.«

Sie spielt mir das Stück vor. Es klingt viel heiterer und

beschwingter als die *Spanische Romanze,* und ich bin froh, mal ein neues Stück lernen zu können. Maribelle bittet mich, das Menuett zunächst ganz langsam anzuspielen und mich mit den Noten vertraut zu machen, als ihr Handy in der Küche klingelt.

»Entschuldige mich bitte kurz«, sagt sie und eilt zum Telefon.

*

Gerade versuche ich, die Noten der ersten Takte zu entziffern, als ich einen Aufschrei in der Küche höre. Ich unterbreche mein Spiel. Gespräche zu belauschen gehört sich zwar nicht – aber es hilft nichts: Meine Neugierde ist größer.

»Das kann doch nicht dein Ernst sein!«, höre ich Maribelle rufen. Kurz schweigt sie und fährt dann ziemlich aufgebracht fort. »Wie bitte? Er hat wirklich die ganze Tournee abgesagt? Wir haben uns doch so darauf gefreut und auch schon einiges an Arbeit reingesteckt. … Natürlich kannst du nichts dafür. Aber ich muss es den anderen erst einmal schonend beibringen. … Schon okay – ich versteh dich. Nichts für ungut, aber das ist wirklich der Hammer. … Ja – das machen wir. Bis nachher dann!«

Maribelle kommt ins Zimmer zurück und setzt sich aufs Sofa. Sie wirkt geknickt.

»Schlechte Nachrichten?«, frage ich.

»Kann man wohl sagen.« Maribelle hat Tränen in den Augen. Dann zwingt sie sich zu einem Lächeln. »Das war meine Agentin. Für nächstes Jahr hatten wir eine große USA-Tournee mit meinem Tango-Quartett geplant. Mehr als zehn gut bezahlte Auftritte. Jetzt hat der Veranstalter Probleme mit dem Budget und der Logistik bekommen und kurzerhand alles abgesagt.«

»Oje – das tut mir leid!«

»Ja, mir auch. Vor allem für die anderen. Victor, unser Geiger, ist gerade Papa geworden und könnte das Geld wirklich gut gebrauchen. Und vor allem muss ich schnell Frederic Bescheid sagen, denn der hatte ursprünglich in der Zeit etwas anderes geplant, was er jedoch für unsere Tournee abblasen wollte.«

»Frederic?«, frage ich.

»Ja, unser Kontrabassist. Aber zum Glück ist der ein ziemlich entspannter Typ.«

Maribelle steht auf. Auf dem Weg in die Küche dreht sie sich noch einmal zu mir um und fragt, ob ich auch ein Glas Wasser möchte, was ich bejahe. Als Maribelle nach einer Weile mit zwei großen Gläsern zurückkommt, sieht sie wie verwandelt aus. Ihr Ärger, ihre Wut und ihre Enttäuschung scheinen wie weggeblasen zu sein. Sie strahlt mich an. Wie hat sie die schlechte Nachricht nur so blitzschnell weggesteckt?

»Dann wollen wir uns das Menuett mal etwas genauer ansehen«, sagt sie heiter, nachdem sie die Gläser auf den Tisch gestellt hat.

Während ich die Gitarre auf meinem Schoß zurechtrücke, sehe ich sie mit großen Augen von der Seite an. Maribelle bemerkt meinen verwunderten Blick.

»Stimmt etwas nicht?«, fragt sie.

»Ähm … ich weiß nicht. Aber, sag mal, Maribelle, bist du vielleicht doch eine Hexe?«

»Na, herzlichen Dank für das Kompliment!«, sagt sie lachend.

»Oh, nein! Ich meine natürlich nicht, dass du wie eine Hexe aussiehst – Gott bewahre. Ich wundere mich nur, wie du es schaffst, deine Stimmung so wahnsinnig schnell zu wechseln. Als ich dein Hexenhäuschen mit den schiefen Dachziegeln und den bunt angemalten Fensterläden zum ersten Mal gesehen habe, da habe ich mich kurz gefühlt, als wäre ich in einem Märchen gelandet. Und jetzt habe ich den Verdacht, dass du vielleicht tatsächlich zaubern kannst«, sage ich schmunzelnd.

»Da muss ich dich leider enttäuschen.« Maribelle trinkt einen Schluck Wasser. »Aber manchmal genügen schon ein paar kleine Tricks, um die Leute glauben zu lassen, dass man zaubern kann …«

»Also, falls du einen Trick kennst, der Ärger und Verzweiflung in Luft auflöst, wäre ich sehr froh, wenn du ihn mir verraten würdest«, sage ich seufzend.

Amadeus ist zum Leben erwacht und tapst auf leisen Pfoten zur Terrassentür, wo er erwartungsfroh darauf hofft, dass Maribelle sie ihm öffnet.

»Sollen wir uns ein wenig auf die Terrasse setzen?«, fragt sie. »Es ist immer noch recht warm draußen.«

Die Kiesterrasse ist mit einzelnen Terrakotta-Fliesen bedeckt, die in der Nachmittagssonne leuchten. Zwischen den Fliesen gedeiht Löwenzahn, und kleine Grasbüschel sprießen empor. Wir setzen uns auf die verwitterte Bank, von wo aus wir einen wunderschönen Blick auf den verwilderten Garten haben, der sich malerisch vor uns ausbreitet.

»Ich habe dir heute ja schon einiges darüber erzählt, wie wichtig der Atem ist – und das nicht nur in der Musik«, sagt Maribelle, nachdem sie eine Weile Amadeus beobachtet hat, der zwischen den Brombeerbüschen auf der Lauer liegt.

»Ja – darüber, dass der Atem immer im Jetzt ist und dass er mich jederzeit in die Gegenwart zurückbringen kann, wenn ich ihn achtsam beobachte«, bestätige ich.

»Na, da hast du aber gut aufgepasst«, sagt Maribelle lachend. »Aber den Atem achtsam zu beobachten, ist nur eine Möglichkeit, wie du ihn nutzen kannst. Vielleicht hast du schon gemerkt, wie sehr dein Atem mit deinen Gefühlen zusammenhängt.«

Ich erinnere mich daran, wie ich, wenn es mir richtig schlecht ging, sehr flach geatmet und kaum Luft bekommen habe.

»Jedes Gefühl wirkt sich auf deinen Atem aus«, fährt Maribelle fort. »Wenn du zum Beispiel gestresst bist oder dich ärgerst, wirst du schnell und flach atmen. Wenn du große Angst oder einen Schock hast, hältst du wahrscheinlich sogar die Luft an. Aber wenn du entspannt in der Sonne liegst, ist dein Atem tief und langsam und du wirst eher in den Bauch als in die Brust atmen«, erklärt sie mir. »Das sind natürlich Extremzustände, in denen du die Veränderungen leicht beobachten kannst. Aber wenn du ganz genau hinsiehst, wirst du feststellen, dass wirklich jede deiner Gefühlsregungen sich in deinem Atem spiegelt.«

»Und was hat das mit deinem Trick zu tun?«, will ich wissen.

Maribelle lächelt. »Geduld gehört wohl nicht zu deinen Stärken, stimmt's? Also gut: Deine Gefühle beeinflussen deinen Atem – aber das Interessante ist, dass es auch umgekehrt funktioniert. Wenn du deinen Atem veränderst, verändert sich auch deine Stimmung – und das kannst du nutzen.«

»Und wie?«

»Da gibt es mehrere Möglichkeiten. Das achtsame Atmen hast du ja schon kennengelernt. Aber es ist eher eine Form der Meditation.« Maribelle steht auf und spannt einen alten Sonnenschirm auf, denn die Sonne strahlt uns direkt ins Gesicht und ist doch noch ziemlich warm. »Wenn du achtsames Atmen übst, solltest du deinen Atem nicht beeinflussen. Lass ihn einfach atmen, wie er will – und allmählich wirst du dadurch innerlich zur Ruhe kommen. Aber dafür brauchst du Zeit und etwas Abgeschiedenheit.« Maribelle legt die Hände ineinander und blickt ruhig zum Wald, der nur einen Katzensprung entfernt ist. Schließlich fährt sie fort: »Achtsam zu atmen hilft dir, dich selbst zu spüren und der Stimme deines Herzens zu lauschen. Mit der Zeit entdeckst du so, dass du nicht die ängstliche oder nervöse Person bist, mit der du dich oft verwechselst, sondern dass du tief in dir voller Frieden, Leichtigkeit und Gelassenheit bist. Aber achtsames Atmen ist kein Atemtrick, der sich für den Notfall eignet.«

»Für den Notfall?«, frage ich überrascht.

»Starke Gefühle können uns aus der Bahn werfen, wenn wir uns von ihnen mitreißen lassen«, erklärt Maribelle. »Grundsätzlich solltest du jedes Gefühl willkommen heißen, denn Gefühle sind Boten, die dir etwas Wichtiges über dich verraten wollen. Und wenn du deine Gefühle achtsam wahrnimmst, ohne sie zu verurteilen, lösen sie sich meist schnell von selbst wieder auf. Aber manchmal ist es auch hilfreich, ein wenig Ruhe in die Situation zu bringen und deine Balance wiederzufinden, um deine Nerven zu schonen.«

Maribelle schweigt und scheint über etwas nachzudenken. Dann fährt sie fort. »Du hast mich doch vorhin gefragt, ob ich einen Trick kenne, um deinen Ärger und deine Verzweiflung in Luft aufzulösen. Und damit hast du die Antwort eigentlich schon vorweggenommen: Indem du tief ausatmest und dabei bewusst loslässt, lösen sich diese Emotionen nämlich im wahrsten Sinne des Wortes in Luft auf.«

»Also kommt es vor allem auf das Ausatmen an?«, frage ich.

»Ja – jedes Ausatmen ist eine Einladung, loszulassen. Und das ist vor allem dann wichtig, wenn du gestresst bist, wenn du dir Sorgen machst oder wenn Gefühle wie Wut, Ärger oder auch Angst dich überwältigen.«

Maribelle sieht mich geheimnisvoll an, und jetzt bin ich neugierig geworden.

»Es gibt eine einfache Übung, die sehr wirksam ist, wenn du unter Stress leidest. Du kannst sie sogar im Bett durchführen, und das hilft dir, besser einzuschlafen, da sie deine Gedanken und Gefühle beruhigt. Soll ich sie dir zeigen?«, fragt Maribelle.

»Natürlich – unbedingt«, antworte ich.

Maribelle deutet auf eine alte Gartenliege, die etwas abseits von der Terrasse im hohen Gras steht. Wir gehen dorthin, befreien das Polster von Staub, Blättern und Pflanzenteilen, und ich lege mich auf den Rücken. Maribelle bittet mich, die Augen zu schließen, die Hände sanft auf den Bauch zu legen und meinen Atem ganz natürlich fließen zu lassen.

Nach einer Weile sagt sie: »Sehr gut – wenn du dich einigermaßen entspannt hast, dann atme jetzt einmal ganz sanft durch die Nase ein … und jetzt atme ungefähr doppelt so lange wieder aus – entweder durch die Nase oder durch den leicht geöffneten Mund. Das Ausatmen sollte sanft wie ein Hauchen sein.«

Ich atme ruhig ein und zähle innerlich bis vier. Dann atme ich langsam durch die leicht geöffneten Lippen aus und zähle dabei innerlich bis acht. Maribelle scheint zufrieden zu sein, denn sie korrigiert mich nicht und bittet mich lediglich darum, eine Weile bei dieser Übung zu bleiben.

Schon nachdem ich das verlängerte Ausatmen wenige Male wiederholt habe, fühlt es sich an, als würde eine Last von meinen Schultern fallen. Ich fühle mich leichter und zugleich wacher und bemerke, dass auch mein Geist klarer geworden ist.

»Das ist ja beeindruckend«, sage ich staunend, nachdem ich die Augen wieder geöffnet habe. »Ich hätte nie gedacht, dass ich meine Gefühle durch die Art, wie ich atme, beeinflussen kann. Das muss ich unbedingt ausprobieren, wenn ich das nächste Mal im Stress bin. Lange kann das ja nicht dauern«, sage ich lachend.

Die Sonne geht allmählich unter und taucht den Himmel in sanfte Orangetöne. Letzte Strahlen streichen sanft über die Baumkronen und werfen lange Schatten auf den moosbedeckten Boden.

»Einige Male besonders langsam auszuatmen ist ein einfacher Weg, dich zu entspannen«, sagt Maribelle, als wir wieder nebeneinander auf der Bank sitzen. Und genau das habe ich nach dem Telefonat mit meiner Agentin in der Küche auch gemacht, als ich wütend und enttäuscht war.«

»Du hast also einfach nur Dampf abgelassen?«, frage ich.

»Ja – aber nicht ›einfach nur‹, sondern achtsam und gezielt«, betont Maribelle. »Das verlängerte, langsame Ausatmen ist sehr hilfreich, vor allem, wenn du dir dabei vorstellst, wie du Gefühle wie Ärger, Enttäuschung oder Furcht ausatmest. Aber in manchen Situationen kann es auch sinnvoll sein, kräftig und schnell auszuatmen.«

»So wie beim Stöhnen oder Seufzen?«

»Ja genau. Das sind natürliche Atemimpulse, mit denen wir ebenfalls Druck ablassen – allerdings läuft das meist unbewusst ab. Wenn du dir zum Beispiel den Zeh anstößt, wirst du wahrscheinlich aufstöhnen. Und mit einem tiefen Seufzer kannst du dich von emotionalem Stress befreien – das passiert vollkommen unwillkürlich. Achtsamkeit hilft dir jedoch, ganz bewusst und gezielt Dampf abzulassen.«

Nun zeigt Maribelle mir verschiedene Möglichkeiten, heftig auszuatmen. Sie fordert mich auf, ganz tief einzuatmen, bis meine Lungen vollkommen gefüllt sind. »Und jetzt pustest du die Luft schnell und tief durch den Mund aus. So, als wolltest du eine weit entfernt stehende Kerze ausblasen.«

Ich puste, so fest ich kann, versuch es noch einige Male und muss grinsen.

»Denk daran: Diese Atemtechniken dienen nicht

dazu, Gefühle zu unterdrücken, sondern sie auszudrücken. Also lass alles raus – lass alles los.« Maribelle demonstriert das mit einem kräftigen Seufzer, und ich ahme sie nach. Schließlich sitzen wir beide abwechselnd pustend, stöhnend und seufzend auf der Bank, bis wir in schallendes Gelächter ausbrechen.

*

Maribelle wirft einen Blick auf ihre Armbanduhr. »Oh, Mist. Jetzt habe ich völlig die Zeit vergessen. Ich treffe mich gleich noch mit meiner Agentin. Tut mir leid, dass die Gitarre heute etwas zu kurz gekommen ist, aber ich denke, das war jetzt wichtiger.«

»Da hast du recht«, sage ich, und wir gehen noch einmal kurz ins Haus.

»Und vergiss nicht: Du kannst das Ausatmen jederzeit als Schlüssel nutzen, um ruhiger und gelassener zu werden«, sagt sie mir zum Abschied noch.

Ich verabschiede mich lächelnd, und mit dem Gitarrenkoffer in der Hand spaziere ich beschwingt zum Auto zurück.

*

Zu Hause angekommen, mache ich es mir noch einmal gemütlich. Obwohl wir in der heutigen Stunde kaum dazu gekommen sind, Gitarre zu spielen, bin ich sicher, dass Maribelles Übungen mir auch dabei helfen werden, entspannter zu musizieren. Wer weiß – vielleicht lässt sich das kräftige Ausatmen ja auch nutzen, um die schwierigen Stellen eines Musikstücks besser zu bewältigen.

Der Atem hilft, Gefühle auszudrücken, statt sie zu unterdrücken, hat Maribelle gesagt. Ich denke darüber nach, welche Geheimnisse sie mir heute noch verraten hat, hole mein kleines »Achtsamkeits-Notizbuch« heraus und schreibe alles auf, woran ich mich erinnere.

MARIBELLES GEHEIMNISSE

- *Ohne Atem kein Leben – ohne Atem keine Musik.*
- *Dein Atem ist immer im Jetzt. Jeder Atemzug bietet dir die Chance, dich mit der Gegenwart zu verbinden und wirklich aufzuwachen.*
- *Freunde dich mit deinem Atem an. Mach ihn dir zum Verbündeten.*
- *Kommt der Atem zur Ruhe, dann kommt auch der Geist zur Ruhe. Achtsames Atmen bringt dich in deine Mitte zurück.*
- *Du kannst das Ausatmen jederzeit als Schlüssel zur Ruhe nutzen.*

*

Nach dem morgendlichen Frühstück beschließe ich gut gelaunt und energiegeladen, noch zehn Minuten ruhig zu sitzen und meinen Atem zu beobachten. Und da ich eine romantische Vorstellung von meditierenden buddhistischen Mönchen habe, setze ich mich im Yogasitz auf den Boden. Ich breite eine Decke aus, hole ein dickes Kissen und setze mich mit verschränkten Beinen aufrecht hin. Es dauert keine zwei Minuten, bis ich merke, dass das keine gute Idee ist. Offenbar braucht es doch genügend Gelenkigkeit und etwas Übung, um auf diese Weise sitzen zu können. Allerdings kann ich mich nicht erinnern, dass Maribelle irgendetwas davon gesagt hat, dass man sich quälen soll – im Gegenteil. Sie hat betont, wie wichtig es ist, den Rücken zwar aufzurichten, vor allem aber auch bequem und stabil zu sitzen. Also verlagere ich meine kleine Meditation auf einen Stuhl, wo ich mich sofort deutlich wohler fühle.

Wie ich es bei Maribelle gelernt habe, versuche ich zunächst, meine Muskeln zu entspannen und ein wenig im Körper anzukommen. Das gelingt mir sehr gut, und so beginne ich, meinem Atem achtsam zu folgen – spüre, wie die Luft ein- und ausströmt und wie sich meine Bauchdecke dabei sanft hebt und senkt.

Doch es dauert nicht lange, da tauchen Gedanken an Dennis in meinem Kopf auf. Ich hatte es nicht leicht mit ihm, und wir haben uns oft gestritten – vor allem in der letzten Phase unserer Ehe. Aber ich erkenne, dass auch Dennis eine schwere Zeit hatte. Es war für ihn sicher nicht leicht, sich von mir und Sarah zu trennen. Bei seinem unsicheren Job kann ich mir außerdem vorstellen, dass er trotz aller Verliebtheit in eine jüngere Frau vermutlich wenig Lust darauf hatte, noch einmal eine Familie zu gründen. Während ich darüber nachdenke, dass wohl jeder von uns in seinem Leben mit Schwierigkeiten zu kämpfen hat, merke ich, dass meine Gedanken wieder einmal auf Reisen gegangen sind. Also konzentriere ich mich erneut auf das Ein- und Ausströmen der Luft, auf das sanfte Heben und Senken. Es ist so einfach, so … normal.

Vom Denken zum achtsamen Atmen zurückzukehren ist, wie wenn man wieder in den Hafen zurückkehrt, nachdem man mit seinem Schiff durch stürmische See gesegelt ist. Ich spüre, wie nicht nur mein Körper, sondern auch mein Geist sich immer mehr entspannt – ein Gefühl des Friedens, ein Gefühl, angekommen zu sein, erfüllt mich, und ich beende die Übung mit einem Lächeln im Herzen.

*

Wie nicht anders erwartet, ist im Verlag die Hölle los. Ein Meeting jagt das nächste, denn das neue Verlagsprogramm muss schnellstens in den Druck.

Ich spüre, wie mein ganzer Körper sich anspannt. Doch dann fällt mir ein, was Maribelle gesagt hat: *»Du kannst das Ausatmen jederzeit als Schlüssel zur Ruhe* *nutzen.«* Also probiere ich es aus: Ich atme tief und langsam durch die Nase ein und zähle dabei innerlich bis vier. Dann öffne ich die Lippen einen Spaltbreit und hauche die Luft noch langsamer aus – dabei zähle ich bis acht. Ich wiederhole diese Technik mehrere Male. Mit einer Mischung aus Staunen und Freude stelle ich fest, dass die Übung selbst jetzt – mitten im Chaos – besser wirkt, als ich mir das je hätte vorstellen können. Und nun verstehe ich auch, was Maribelle gemeint hat, als sie sagte, dass wir unseren Geist zur Ruhe bringen können, indem wir unseren Atem zur Ruhe bringen.

*

Ich habe wenig Lust, meine Mittagspause in der aufgeheizten Atmosphäre inmitten meiner Kolleginnen zu verbringen, und beschließe, lieber eine Runde durch den Park zu drehen. Während ich zwischen den Bäumen und Blumen spazieren gehe, versuche ich, jede Nuance der Natur intensiv wahrzunehmen. Ich atme den süßen Duft der Blüten ein, spüre die sanfte Brise auf meiner Haut. Und mit jedem Schritt, den ich gehe, entferne ich mich nicht nur weiter vom Verlagsgebäude, sondern auch von meinen Gedanken, die um die Arbeit kreisen.

Leise raschelt der Wind in den Bäumen, und jetzt spüre ich es ganz deutlich: Alles Leben atmet. Und ebenso wie das Leben findet auch der Atem immer nur im Augenblick statt. *Dein Atem ist deine Verbindung zum Universum,* denke ich und fühle eine tiefe Verbundenheit mit allem um mich herum. Ich bin gespannt, wie lange dieser glückliche, friedvolle Zustand wohl andauern wird …

*

Am Abend setzte ich mich, immer noch entspannt, aufs Sofa. Seit ich Maribelle kennengelernt habe, ist mir klar geworden, dass ich mehr Einfluss auf mein Leben habe, als ich glaubte. Ein Gefühl der Dankbarkeit erfüllt mich, wenn ich an sie denke. Sie hat mir geholfen, das Geheimnis der Achtsamkeit zu entdecken, und mich die Kunst des achtsamen Atmens gelehrt. Tief in meinem Herzen spüre ich, dass ich jetzt auf dem richtigen Weg bin und dass es endlich wieder aufwärtsgeht.

*

Später am Abend zieht es mich noch einmal nach draußen in den Garten. Es ist sternenklar. Ich setze mich auf die Hollywoodschaukel und betrachte staunend den Sternenhimmel. Es ist friedlich und still, und die Sterne strahlen unfassbar hell, als wollten sie mir etwas Wichtiges mitteilen. Die erfrischende Luft strömt in meine Lungen, und ich fühle mich so lebendig wie lange nicht mehr. Ich lasse meinen Atem ruhig fließen. Ich atme tief ein und aus und spüre, wie ich durch meinen Atem mit allem verbunden bin – mit der Nacht, den Sternen und mit meinem Herzen.

Als ich an Maribelle denke, muss ich lächeln. Obwohl ich sie erst seit wenigen Wochen kenne, fühle ich mich ihr unglaublich nah. Unwillkürlich muss ich lachen, als ich daran denke, dass ich nie und nimmer mit all dem hier gerechnet hätte. Eigentlich wollte ich ja nur bei einer etwas verrückten, aber sympathischen Frau ein bisschen Gitarre spielen lernen. Doch nun haben schon diese paar Gitarrenstunden mein Leben verändert. Und so sitze ich lächelnd auf der knarzenden Hollywoodschaukel, spüre, wie mein Atem ruhig strömt, und fühle mich wie ein weiblicher Buddha – vereint mit dem Universum, geborgen im Hier und Jetzt.

DAS GEHEIMNIS DER AKZEPTANZ

Die Woche vergeht wie im Flug. Aber von der Gelassenheit und dem inneren Frieden, die ich vor einigen Tagen erlebt habe, ist leider nicht mehr viel zu spüren. Dabei dachte ich nach meinem letzten Besuch bei Maribelle, dass die Sache im Grunde doch ganz einfach ist: Den Atem achtsam zu beobachten und dadurch innerlich zur Ruhe zu kommen oder das Ausatmen zu nutzen, um negative Gefühle loszulassen – das alles klingt nicht besonders kompliziert. Aber Theorie und Praxis sind eben zwei Paar Stiefel.

Allmählich glaube ich, dass die eigentliche Schwierigkeit gar nicht so sehr darin besteht, achtsam zu sein. Das Problem liegt eher darin, dass ich es ständig vergesse. Ich vergesse meinen Atem, und ich vergesse, wie gut es mir tut, mit meiner Aufmerksamkeit im Hier und Jetzt zu bleiben. Ich nehme mir einfach keine Zeit für mich selbst. Allerdings ist das in dem ganzen Alltagstrubel ja auch kein Wunder. Ständig kreisen meine Gedanken um Erledigungen, Pflichten, Pläne, um meinen Job, um Sarah und unzählige Dinge und Menschen. Ob ich wohl jemals einen Ausweg aus dem Wirrwarr in meinem Kopf finden und zur Ruhe kommen werde?

Nur die Gitarre gibt mir etwas Halt. Ich habe ja meine »Hausaufgaben« – das kleine Menuett. Wie zum

Hohn steht über den Noten »Leichte Literatur für Anfänger«. Sehr witzig. Von wegen »leicht«. Wenn das heißen soll, dass das Stück leicht zu spielen ist, kann ich die Gitarre auch gleich in die Ecke stellen.

Eigentlich sollte ich jetzt dringend üben, denn nachher ist ja meine nächste Gitarrenstunde. Ich ärgere mich über mich selbst und über die Tatsache, dass es in meinem Kopf zugeht wie in einem Bienenstock.

Aber das wird schon noch, Hannah, versuche ich mich selbst aufzumuntern. Vielleicht sehe ich das Ganze ja viel zu pessimistisch.

Mir kommt eine Idee, wie ich etwas objektiver an die Sache rangehen könnte. Ich hole die Gitarre aus dem Koffer, lege mein Handy auf den Tisch und aktiviere die Recording-App, um das Menuett aufzunehmen. Nachdem ich das Stück durchgespielt und die Gitarre wieder weggelegt habe, lasse ich die Aufnahme abspielen. Oh, mein Gott! Was ich da höre, ist wirklich ernüchternd. Frustriert setze ich mich aufs Sofa und lasse den Kopf sinken. Ich will mir nichts vormachen: Ich werde es wohl nie lernen. Wie kann man nur in so einem kurzen Stück so viele Fehler machen?

Nach zwanzig deprimierenden Minuten habe ich genug davon, mich selbst zu bemitleiden. Ich stehe auf, strecke mich, hole mir eine Tasse Kaffee aus der Küche und schalte das Handy aus. Noch ist genug Zeit, denn Maribelle hat die heutige Gitarrenstunde auf den späten Nachmittag gelegt. Also beginne ich wie verrückt zu üben. »Verrückt« trifft es ziemlich genau, denn mit jedem Fehler, den ich mache, übe ich noch verbissener. Und das führt natürlich nur dazu, dass ich immer schlechter und schlechter spiele.

Ein letztes Mal versuche ich, mich zusammenzureißen, konzentriere mich und schaffe es schließlich, wenigstens die ersten paar Takte fehlerfrei zu bewältigen, als auf einmal ein ohrenbetäubendes Dröhnen mein Spiel durchbricht und mich zusammenzucken lässt. Es hört sich an, als würde jemand mit einem Presslufthammer neben meinem Ohr herumhantieren.

Jetzt fällt's mir wieder ein – Paolo hatte mich ja vorgewarnt. »Ey, Hannah«, hatte er gesagt, »ich muss morgen ein paar Regale anbringen. Es wird leider ziemlich laut – lo siento. Ist das okay für dich?« Ich hatte ihn nur gelassen angelächelt und ganz cool »Klar, kein Problem« geantwortet. Wer hätte auch gedacht, dass sich das Bohren wie ein Wanddurchbruch anhören würde? Mit meiner Gelassenheit ist es jedenfalls endgültig vorbei. Mit meiner Konzentration ebenfalls. Ich verziehe mich samt Gitarre und Notenständer ins Bad, wo der Lärmpegel allerdings kaum weniger grauenvoll ist. Nach fünfzehn weiteren entmutigenden Minuten habe ich die Nase komplett voll. Wütend greife ich zum Handy.

»Hallo, Paolo«, sage ich, als er ans Telefon geht. »Kannst du bitte mit diesem schrecklichen Lärm aufhören? Ich muss sowieso in einer viertel Stunde weg, dann kannst du von mir aus so viele Regale anschrauben, wie du willst.«

Oh weh. Das kommt unfreundlicher aus meinem Mund, als ich wollte. Paolo ist hörbar verunsichert. Er entschuldigt sich mehrmals und verspricht mir hoch und heilig, so lange zu warten, bis ich das Haus verlassen habe.

Nachdem ich das Gespräch beendet habe, könnte ich mir auf die Zunge beißen. Nicht nur, dass ich eine miserable Gitarristin bin, jetzt habe ich es mir wohl auch noch mit meinem liebenswürdigen und verständnisvollen Nachbarn verscherzt. Was bin ich nur für eine blöde Ziege! Am liebsten würde ich im Boden versinken. Kurz überlege ich, die Unterrichtsstunde heute abzusagen. Aber bestimmt hat Maribelle sich den Nachmittag extra für mich frei gehalten. Und ich will sie nicht auch noch vor den Kopf stoßen. Also ziehe ich mich langsam um, packe die Gitarre ein, setze mich in meinen Mini und düse zu Maribelle.

*

Ich erreiche den Waldrand mit gemischten Gefühlen. Einerseits freue ich mich darauf, meine Lehrerin wiederzusehen, andererseits fürchte ich, dass sie ziemlich enttäuscht sein wird. Es muss doch frustrierend für sie sein, dass ich es nicht einmal fertigbringe, so ein leichtes Anfängerstück zu bewältigen.

Wie gelähmt sitze ich im Auto und schaffe es einfach nicht, mich aufzuraffen. Ich schäme mich, dass ich seit der letzten Stunde keine Fortschritte gemacht habe – eher im Gegenteil. Und das Wetter ist auch nicht gerade motivierend. Schwere, grau verhangene Regenwolken bedecken den Himmel. Nur spärlich dringt trübes Tageslicht durch das Blätterdach. Der Waldweg ist nass und schlammig und lädt so ganz und gar nicht zu einem Spaziergang ein.

Ich seufze tief und steige endlich doch noch aus. Auf dem Weg zu Maribelles Haus fühlen sich meine Füße so schwer an, als würde ich Bleischuhe tragen. Aber wahrscheinlich sind es eher meine schweren Gedanken, die jeden Schritt so träge und bleiern erscheinen lassen.

Schon von Weitem fällt mein Blick auf Maribelles Hexenhäuschen, das idyllisch im Schatten der Bäume ruht. Dieser Ort ist magisch und lässt mich aufatmen. Er hat etwas Reinigendes – etwas Befreiendes. Der Teich mit den Seerosen, der farbenprächtige Garten, die von wildem Wein umrankte Hütte – alles hier scheint so einfach, so ruhig und doch voller Leben zu sein.

Als ich näher komme, entpuppt sich das rostbraune Wollknäuel auf der verwitterten Bank vor Maribelles Haus als Amadeus. Der Kater döst friedlich vor sich hin, und ich strecke behutsam die Hand aus, um ihn zu streicheln. Amadeus schnurrt genüsslich. Offenbar hat Maribelle mich schon entdeckt, denn noch bevor ich an der Klingelschnur ziehe, öffnet sie die Tür und strahlt mich an.

Sie begrüßt mich herzlich. Kaum, dass wir uns umarmt haben, sprudelt es schon am Hauseingang aus mir heraus. »Maribelle, ich freu mich ja so, dich wiederzusehen, aber weißt du – mit dem Gitarrenspiel läuft es gerade nicht so toll. Alles geht so furchtbar langsam voran. Ich verspiel mich dauernd …«

Maribelle hebt die Hand und bringt meinen Redefluss zum Stillstand. Sie lächelt mich entwaffnend an. »Komm doch erst mal richtig rein.«

Maribelle führt mich ins Wohnzimmer und bittet mich, die Gitarre auszupacken und sie schon einmal in Ruhe zu stimmen. Als sie mit dem Notenpult aus dem Nebenzimmer zurückkommt, schaut Maribelle mir interessiert zu, wie ich hektisch mit der Gitarre herumhantiere und die Noten, die mir schon zweimal vom Pult gefallen sind, fahrig vom Boden aufsammle.

»Wusstest du, dass Schildkröten sehr viel länger leben als Rennmäuse?«, fragt Maribelle unvermittelt.

»Wie bitte?« Ich schaue wohl ziemlich entgeistert drein, denn Maribelle muss lachen.

»Ja – manche Schildkröten können sogar über zweihundert Jahre alt werden. Das schafft keine Maus«, fährt sie fort. »Manchmal ist es sehr hilfreich, dir mehr

Zeit zu lassen – so wie eine Schildkröte. Und das nicht nur, wenn du länger leben willst.«

»Was meinst du damit?«

»Hast du schon mal bemerkt, dass viele Menschen sich so verhalten, als wäre ihr Leben ein Wettlauf?«, fragt Maribelle. »Sie sind ständig in Eile. Und in Eile zu sein ist so ziemlich genau das Gegenteil von Gelassenheit und Achtsamkeit.«

Nachdem ich nichts dazu sage, fährt sie fort. »Das Tempo zu verlangsamen ist eine sehr einfache Möglichkeit, achtsamer zu werden. Es bewahrt dich davor, dass deine Gedanken mit dir durchgehen.«

Natürlich hat sie recht. Aber das Tempo runterzufahren liegt mir nun einmal nicht. Das hat es noch nie. Schon als Kind wollte ich immer mit dem Kopf durch die Wand. Wenn ich mir etwas vornehme, dann will ich eben auch, dass es schnell vorangeht.

»Um ehrlich zu sein – das Problem ist gar nicht, dass ich in Eile bin, sondern dass ich nervös bin«, sage ich.

Maribelle zieht die Augenbrauen hoch. »Wieso bist du denn nervös?«

»Ich habe die ganze Woche lang verzweifelt versucht, dieses Menuett in den Griff zu bekommen, aber ich verspiele mich ständig. Und jetzt fürchte ich, dass du bald merken wirst, dass du deine Zeit mit mir verschwendest.«

»Ach, Hannah!« Maribelle wirkt auf einmal sehr ernst. »Ich habe dir doch schon gesagt, dass du dir über so etwas keine Gedanken machen sollst. Wenn ich das Gefühl hätte, dass die Gitarre nichts für dich ist, hätte ich dir das schon längst gesagt – glaub mir.«

Maribelle nimmt mir die Gitarre ab, stimmt sie noch einmal nach und drückt sie mir wieder vorsichtig in die Hand. »Jetzt spiel doch einfach mal, dann sehen wir weiter.«

Wie nicht anders zu erwarten, greife ich schon nach ein paar Takten kräftig daneben. Jeder Fehler, den ich mache, lässt mich innerlich zusammenzucken und tut mir fast körperlich weh.

»Da siehst du's«, sage ich verzweifelt und breche mitten im Spiel ab. »Ich treffe die Töne einfach nicht. Weißt du, ich glaube inzwischen, dass ich nicht begabt genug bin.«

Maribelle schüttelt entschlossen den Kopf. »So ein Quatsch! Die Fehler stören dich ja nur deshalb so sehr, weil du wirklich musikalisch bist. Du hast erst vor Kurzem angefangen, das Stück zu üben, also erwarte keine Wunder. Du musst nicht perfekt sein, Hannah. Nach Perfektion zu streben ist eine Falle. Viele sitzen ihr Leben lang darin fest. Perfektionismus erzeugt unglaublich viel Stress und Unzufriedenheit. Und überhaupt: Was heißt schon ›perfekt‹? Perfektion ist doch sehr subjektiv – jeder versteht etwas anderes darunter.« Maribelle knipst das kleine Licht auf dem Notenpult an, denn im Zimmer ist es inzwischen düster geworden.

»So – jetzt spiel das Ganze doch einfach, so gut es geht, denn so gut es geht, ist immer gut genug. Und nimm diesmal etwas Tempo raus, denk an die Schildkröte.« Maribelle grinst mich an.

Ich beginne noch einmal von vorn und lasse mir mehr Zeit. Tatsächlich greife ich jetzt deutlich seltener daneben, doch fehlerfrei kriege ich es immer noch nicht hin, was mich zunehmend frustriert.

Maribelle schaut mich mitfühlend an. »Hab niemals Angst davor, Fehler zu machen«, sagt sie. »Fehler sind kein Problem, solange du keins daraus machst.«

Ich bin nicht überzeugt – für mich ist Scheitern keine Option. Doch als ob Maribelle meine Gedanken gelesen hätte, fährt sie fort: »Hannah – wenn du nicht den Mut hast, zu scheitern, kannst du auch nicht wachsen. Lernen heißt, Fehler zu machen. In der Musik liegt in jedem falschen Ton eine Chance, zu lernen und dich zu verbessern. Und auch im Leben bietet dir jeder Fehler die Möglichkeit, deinen Kurs zu korrigieren, deinen Weg zu finden und zu wachsen. Wenn du gesagt hättest: ›Ich kann das nicht‹, als du Laufen gelernt hast und zuerst noch ständig hingefallen bist, würdest du heute noch krabbeln. Fehler sind notwendig, um zu lernen!«

Maribelle bittet mich, die Gitarre noch einmal wegzulegen, und wir setzen uns gemeinsam aufs Sofa. »Ich erzähl dir mal eine Geschichte«, sagt sie. Ihre Augen funkeln, als sie zu erzählen beginnt. »Vor ein paar Jahren war ich in Argentinien mit einem kleinen Orchester auf Konzertreise. Dort habe ich etwas Wichtiges über Fehler gelernt – und darüber, wie unsinnig es ist, Angst vor ihnen zu haben. Ich habe damals als Solistin im *Balena Azul*, dem ›Blauen Wal‹, einer der größten Konzerthallen in Buenos Aires, gespielt. Sogar der Präsident, Alberto Fernández, saß im Saal. Du kannst dir wahrscheinlich vorstellen, dass wir vor dem Auftritt ganz schön Lampenfieber hatten.« Ein sanftes Schmunzeln huscht über ihr Gesicht, als sie tief in ihre Erinnerungen eintaucht. »Während die ersten beiden Stücke perfekt liefen, habe ich mich im letzten Stück gleich mehrere Male vergriffen.«

»Was? Du machst auch Fehler?«, frage ich verwundert.

»Na klar, ich kenne keinen Musiker, der keine macht.«

»Aber war das nicht furchtbar peinlich?«, frage ich und schaue Maribelle mit großen Augen an.

»Na ja, im ersten Augenblick hat mich das schon ein bisschen aus dem Konzept gebracht. Aber dann habe ich mir klargemacht, dass es wahrscheinlich niemand im Publikum gemerkt hat. Und letztlich war es mir auch egal – Musik ist wie das Leben, manchmal geht eben etwas schief. Den größten Bock hat dann sowieso noch Frederic abgeschossen.«

»Frederic?«

»Ja, er hat damals im Orchester Kontrabass gespielt. Frederic hat ein Wiederholungszeichen übersehen und mittendrin einfach aufgehört zu spielen. Und glaub mir, wenn in einem Orchester plötzlich kein Bass mehr zu hören ist, merkt das wirklich jeder. Aber weißt du, was? Frederic hat nur gelacht und ist nach ein paar Takten wieder eingestiegen. Wahrscheinlich haben die Leute gedacht, dass das zum Stück gehört. Der Applaus war jedenfalls ohrenbetäubend und das Publikum begeistert.«

Ich schaue nachdenklich aus dem Fenster. Ich wünschte, ich könnte auch so locker mit Fehlern umgehen wie Maribelle oder dieser Frederic.

»Wir sollten Fehler nie zu wichtig nehmen«, sagt Maribelle. »Schließlich ist Musik nur ein Spiel. Und auch das Leben ist letztlich nur ein Spiel, wenn wir keinen Kampf daraus machen.«

»Aber die Fehler, die ich in der Vergangenheit gemacht habe, hatten schon ernste Konsequenzen«, widerspreche ich. Ich erinnere mich daran, wie oft ich Dennis mit meinen Eifersuchtsanfällen auf die Nerven gegangen bin. »Die Dinge, die ich früher falsch gemacht habe, haben am Ende vielleicht sogar meine Ehe zerstört«, sage ich traurig.

Maribelle sieht mich lange an. Schließlich sagt sie: »Du bist sehr streng mit dir, Hannah. Ich kenne niemanden, der nicht schon so einiges in seinem Leben verbockt hat. Aber Menschen handeln nicht aus böser Absicht. Letztlich tun wir alles, was wir tun, so gut, wie es uns eben möglich ist. In jedem Moment unseres Lebens entscheiden wir so, wie es uns im jeweiligen Moment am besten und sinnvollsten erscheint. Und wenn wir dann später zurückblicken, interpretieren wir unsere Entscheidung vielleicht als Fehler. Aber das ist schon okay. Fehler zu machen ist okay. Erlaube es dir, Fehler zu machen, Hannah. Schenke dir selbst mehr Raum. In jedem Fehler liegt eine verborgene Lektion, die darauf wartet, entdeckt zu werden. Und diese Lektion heißt Loslassen.«

Während ich Maribelles Worte sacken lasse, braut sich draußen ein Gewitter zusammen. Erste Blitze zucken über dem Wald auf, und es donnert bedrohlich. Die Fensterläden klappern. Maribelle steht auf, um die Fenster zu schließen. »Kannst du kurz die Kissen von draußen reinholen?«, bittet sie mich.

Ich eile zur Terrassentür. Dicke Regentropfen prasseln auf meine Haut, und ich sammle die Kissen ein, die auf den Gartenmöbeln verstreut sind. Amadeus rettet sich miauend ins Haus und verschwindet in Maribelles Schlafzimmer. Der Regen trommelt wild aufs Dach.

»Möchtest du eine Tasse Kakao?«

Ich nicke, und Maribelle verschwindet für ein paar Minuten in der Küche. Dann kehrt sie mit zwei dampfenden Tassen Kakao zurück. Während wir es uns bequem machen, erfüllt schokoladiger Duft den Raum.

»Ich würde so gerne die Fehler meiner Vergangenheit hinter mir lassen«, beginne ich zögerlich. »Aber leider bin ich wohl nicht sehr gut darin, loszulassen.«

»Tja, wer ist das schon?«, fragt Maribelle lächelnd. »Ich glaube, viele Menschen wünschen sich, besser loslassen zu können. Die meisten wissen nur leider nicht, wie Loslassen funktioniert.«

»Funktioniert?« Ich ziehe die Augenbrauen hoch. »Heißt das etwa, dass es da so etwas wie einen Trick gibt?«

»Na ja, einen Trick vielleicht nicht gerade. Aber Loslassen ist nichts, was wir aktiv tun können, sondern etwas, was sich ganz von selbst ergibt, wenn wir bereit sind, davor einen anderen Schritt zu tun.«

Maribelle redet wieder mal in Rätseln. »Und welcher soll das sein?«, frage ich ungeduldig.

»Akzeptanz. Du kannst nur loslassen, was du zuvor akzeptiert hast«, sagt sie. »Akzeptanz ist eine wichtige Säule der Achtsamkeit. Nur im Jetzt zu sein, ist nämlich nicht genug – das kann jeder Frosch. Wirkliche Gelassenheit und inneren Frieden findest du erst, wenn du lernst, anzunehmen, was auch immer das Leben dir vor die Nase setzt.«

Ich schaue meine Lehrerin skeptisch an. »Soll das etwa heißen, dass ich alles gut finden soll, was passiert?«, frage ich ungläubig.

»Nein, akzeptieren heißt natürlich nicht, alles gut zu finden. Wenn wir etwas akzeptieren können, bedeutet das noch lange nicht, dass wir es auch gutheißen. Vielmehr geht es darum, deine Erfahrungen nicht abzulehnen, sondern anzunehmen. Es bringt dich nämlich keinen Schritt weiter, wenn du ständig alles, was dir begegnet, oder auch dich selbst bewertest und verurteilst. Wann immer du es mit Situationen zu tun hast, die du nicht magst, aber die du nun einmal nicht ändern kannst, hast du nur drei Möglichkeiten: Entweder du kämpfst – aber das heißt, dass du gegen Windmühlen ankämpfst, denn wie gesagt: Ändern kannst du es ja nicht –, und das erzeugt dann natürlich eine Menge Stress und Unzufriedenheit. Oder du resignierst und wirst depressiv, was auch keine gute Idee ist. Aber dann gibt es noch die Möglichkeit, die Situation bewusst so anzunehmen, wie sie nun einmal ist. Akzeptanz ermöglicht es dir, die Kontrolle über Dinge aufzugeben, die sich sowieso nicht kontrollieren lassen.«

»Heißt das dann, dass ich nichts in meinem Leben verändern kann?«

»Gott bewahre, nein«, sagt Maribelle und lacht. »Die Zukunft kannst du durchaus verändern und gestalten – und das solltest du auch. Aber wenn in der Gegenwart oder Vergangenheit Dinge geschehen oder geschehen sind, die dich belasten, dann musst du dich entscheiden: Du kannst jammern und dich ärgern, oder du nimmst das Leben bedingungslos an und entspannst dich. Und jetzt rate mal, welche Variante dich glücklicher macht …«

»Das ist nicht schwer zu erraten«, antworte ich und grinse.

»Aber da ist noch etwas«, sagt Maribelle nachdenklich. »Es gibt noch einen allerersten Schritt, und der besteht darin, dass du erst einmal *erkennen* musst, was dich irritiert. Nur wenn du wahrnimmst, was in dir oder um dich herum passiert, kannst du es auch annehmen und schließlich loslassen.«

»Ich weiß nicht recht, ob ich das verstehe«, sage ich unsicher.

»Es ist ganz einfach. Vor dem Loslassen kommt das Akzeptieren. Vor dem Akzeptieren das Erkennen«, sagt Maribelle.

Nachdenklich schlürfe ich meinen Kakao. Maribelle schaut nach Amadeus, der es sich auf ihrem Bett gemütlich gemacht hat, während sich draußen das Gewitter austobt. Das dumpfe Grollen dringt bedrohlich durch die Wände der Hütte.

»Lass uns noch ein bisschen mit dem Menuett weitermachen«, sagt Maribelle, als sie zurückkommt. Ich greife mir die Gitarre und setze mich auf den Stuhl.

»Spiel doch mal den letzten Teil des Menuetts.«

»Oh, Gott – ausgerechnet! Die Stelle kann ich am schlechtesten«, jammere ich und merke, wie mein Bauch sich verkrampft.

»Genau deswegen – ich möchte dir etwas zeigen.«

Ich konzentriere mich, atme tief durch und fange an,

den zweiten Teil des Menuetts zu spielen. Schon nach wenigen Tönen greife ich daneben und presse die Lippen zusammen.

»Stopp«, sagt Maribelle. »Was ist gerade passiert?«

»Ich hab mich verhaspelt«, sage ich.

»Genau das habe ich gemeint. Das war der erste Schritt: Du musst erst einmal *erkennen* und bemerken, dass etwas nicht stimmt und dass du einen Fehler gespielt hast. Die interessante Frage lautet jetzt: Kannst du das auch *akzeptieren?*«

»Na ja, nicht so leicht«, antworte ich.

»Also gut – dann spiele die Stelle noch einmal. Gib dir diesmal bewusst die Erlaubnis, Fehler zu spielen und etwas gelassener mit ihnen umzugehen.«

Gelassen Fehler spielen? Ich schaue Maribelle misstrauisch von der Seite an.

»Vergiss nicht«, ergänzt sie sanft, »du kannst nichts Neues lernen, ohne einen Haufen Fehler zu machen. Und Spaß macht Lernen nur, wenn du nicht ständig verzweifelst, sondern akzeptierst, dass es ganz normal und menschlich ist, Fehler zu machen – dass es völlig okay ist.«

Ich spiele das Menuett noch einmal durch. *So gut es geht, ist gut genug,* denke ich. Und bei jedem falschen Ton sage ich mir innerlich geduldig: *Es ist okay. Fehler gehören dazu.* Beim dritten Durchgang passiert es schließlich: Ich spüre auf einmal, wie ein ungeheurer

Druck von mir abfällt. Mein Anspruch, immer alles richtig machen zu müssen, scheint sich gerade aufzulösen. Ein zufriedenes Lächeln breitet sich in meinem Gesicht aus.

Auch Maribelle wirkt erleichtert, als sie merkt, wie ich mich entspanne. Sie erklärt mir, dass Loslassen immer heilsam ist – egal, ob ich mich über meine Kollegen aufrege, ob ich schlechte Laune habe, ob ich traurig bin oder Angst habe.

»Wann immer du unzufrieden bist, weil etwas in deinem Leben nicht so läuft, wie du es dir vorstellst, kannst du das als Chance sehen, Akzeptanz und Gelassenheit zu üben.«

»Na, dann habe ich ja jede Menge Gelegenheiten, Gelassenheit zu üben, wenn ich weiterhin so viele Fehler mache«, sage ich und zwinkere Maribelle zu.

»Ja, und das nicht nur, wenn du Gitarre spielst.«

»Wie meinst du das?«

»Akzeptanz wirkt immer befreiend, wenn dich etwas stört oder belastet. Auch wenn es nur äußere Dinge wie schlechtes Wetter, rücksichtslose Menschen oder bellende Hunde in der Nachbarschaft sind.«

Oder Bohrarbeiten im Nachbarhaus, denke ich und schmunzele.

»Mindestens genauso wichtig ist jedoch, dass du deinen eigenen Gefühlen Akzeptanz entgegenbringst und lernst, dich auch unangenehmen Gefühlen zuzuwenden und sie zu umarmen.«

Gefühle umarmen?, denke ich und bin verwirrt.

Maribelle lässt mich kurz mit meinen Gedanken allein, steht auf und geht in die Küche. Kurz darauf kehrt sie mit einer Karaffe Wasser und zwei Gläsern zurück. Sie schenkt uns beiden ein Glas Wasser ein und fährt fort: »Meistens begegnen wir belastenden Gefühlen wie Ärger, Traurigkeit oder Niedergeschlagenheit, indem wir uns ablenken, um nicht zu sagen betäuben. Oder indem wir uns in blindem Aktionismus verlieren. Achtsam zu sein bedeutet jedoch, deine Gefühle zu akzeptieren, ohne sie bewerten oder vermeiden zu wollen.«

»Aber wäre es nicht gut, sie einfach loszulassen?«, frage ich.

»Schon – aber nicht zu früh. Ganz egal, ob angenehm oder unangenehm – alle deine Gefühle sind Ausdruck deiner Lebendigkeit.« Maribelle blickt mich liebevoll an. »Allerdings kannst du dich nur lebendig fühlen, wenn du deine Gefühle auch wirklich fühlst. Und das ist eine ziemliche Herausforderung, da wir meist sehr oberflächlich leben und entweder gar nicht oder aber erst viel zu spät spüren, wie es uns eigentlich geht.«

Ich trinke einen Schluck Wasser und schaue Maribelle forschend an. Woher weiß sie bloß all diese Dinge?

»Nur wenn du achtsam bist, kannst du deine Stimmungen, Gedanken und Gefühle genau wahrnehmen und ihnen dann gelassen begegnen«, fährt Maribelle fort. »Und falls du einmal mit sehr unangenehmen Gefühlen wie Wut, Verzweiflung oder Trauer zu tun hast, solltest du dir unbedingt eines bewusst machen: Du bist nicht deine Gefühle, Hannah. Ebenso wie Gedanken sind Gefühle nur kurzlebige Phänomene. Sie sind wie Gäste – sie kommen, bleiben eine Weile und gehen dann auch wieder. Manche bleiben länger, andere nur sehr kurz. Schenke ihnen einfach deine Aufmerksamkeit, sonst werden sie nur umso aufdringlicher. Behandle deine Gefühle freundlich wie Gäste, auch wenn sie manchmal ungelegen kommen.«

Langsam fange ich an, zu verstehen, was Maribelle meint. Trotzdem ist mir nicht ganz klar, was ich denn jetzt konkret tun kann, um Loslassen zu »üben«. Als ich Maribelle frage, lächelt sie und antwortet: »Das Wichtigste ist, dass du in gutem Kontakt zu dir selbst bleibst. Das heißt, dass du dich immer wieder fragen solltest, wie es dir geht und was du fühlst. Und wenn du merkst, dass ein bestimmtes Gefühl vorherrscht, dann versuche, es beim Namen zu nennen. Zum Beispiel kannst du dir sagen: ›Aha – das ist Ärger‹, oder: ›Aha – da ist Niedergeschlagenheit.‹ Wenn du das, was in dir vorgeht, benennst, bringt dir das sehr viel Klarheit. Der letzte Schritt besteht dann darin, dir bewusst zu machen, dass es vollkommen in Ordnung ist, dich zu ärgern, niedergeschlagen zu sein oder zu fühlen, was immer du gerade fühlst. Es ist okay, und es geht vorbei.«

Auch wenn ich die Sache mit der Akzeptanz vermutlich nur annähernd verstanden habe, verändern Maribelles Worte meine ganze Sichtweise. Bisher habe ich versucht, mich mit ein paar Gläsern Prosecco oder einer Fernsehserie zu beruhigen und abzulenken, wenn ich mich mies gefühlt habe. Doch danach habe ich mich meistens nur noch leerer gefühlt. Auf die Idee, dass es auch möglich ist, meine Gefühle zu »umarmen«, wäre ich nie gekommen.

»Oje, jetzt haben wir sehr viel geredet und recht wenig gespielt«, sagt Maribelle und schaut mich schuldbewusst an.

»Na ja, immerhin haben wir das Menuett einige Male durchgearbeitet, und ich habe gelernt, besser mit Fehlern umzugehen. Und da ich wohl noch eine Menge Fehler machen werde, bis ich einigermaßen passabel Gitarre spiele, kann das ja sicher nicht schaden«, sage ich lachend.

Es ist spät geworden. Höchste Zeit, die Gitarre wieder einzupacken. Während Maribelle mich zur Haustür führt, beschließe ich gut gelaunt, mich noch heute Abend bei Paolo zu entschuldigen.

Als wir die Tür öffnen, vergeht mir die gute Laune allerdings schnell, denn draußen gießt es wie aus Kübeln. »So ein Mist – ausgerechnet jetzt.« Ich denke an den Marsch durch den Matsch, der vor mir liegt.

»Wie war das mit dem Loslassen?«, fragt Maribelle und zwinkert mir schelmisch zu. »Das kannst du jetzt gleich üben«, sagt sie lachend und fährt fort: »Du kannst nicht ändern, dass es regnet, also kannst du dir sagen: Es ist okay.«

»Und wenn ich das nicht schaffe, sondern mich trotzdem darüber ärgere, pitschnass zu werden?«, frage ich, während ich missgelaunt in den Himmel schaue.

»Dann kannst du eben dein Gefühl akzeptieren. Wenn es dir nicht möglich ist, das, was passiert, anzunehmen, hast du immer noch eine zweite Chance, loszulassen. Dann musst du eben deine Reaktion akzeptieren – also zum Beispiel, dass du dich ärgerst.«

Na gut. Ärger ist okay, denke ich, während ich Maribelle umarme und tief ausatme.

»Halt!«, ruft sie mir zu, als ich schon aus der Tür bin. Sie verschwindet kurz im Eingang und kommt nach wenigen Sekunden mit einem großen roten Regenschirm wieder. »Den kannst du vielleicht brauchen …«

*

Mit dem Gitarrenkoffer in der einen und dem Regenschirm in der anderen Hand stapfe ich durch den strömenden Regen. Meine Stiefel saugen sich bei jedem Schritt im Schlamm fest, und dicke Tropfen prasseln vom Himmel. Die meisten landen auf dem Schirm, aber leider nicht alle. *Was soll's?*, denke ich. *Mehr als nass werden kann ich schließlich nicht.* Am Teich bleibe ich stehen. Das Rauschen, das mich umgibt, wirkt beruhigend. Wie friedlich es hier ist. Mit jedem Tropfen, der auf die Wasseroberfläche fällt, bilden sich sanfte Kreise. Plötzlich entdecke ich ein winziges Fröschlein, das auf einem der Seerosenblätter sitzt. Zufrieden und völlig mit sich im Reinen schmiegt es sich in die feuchte Umgebung. Ich betrachte den Frosch fasziniert, wie er reglos auf seinem Blatt verharrt und sich von den sanften Bewegungen des Wassers schaukeln lässt. Seine Ruhe ist geradezu ansteckend. Ich spüre, wie sich langsam ein Gefühl der Geborgenheit in mir ausbreitet. *Frösche haben offenbar kein Problem damit, das Leben so zu akzeptieren, wie es ist,* denke ich lächelnd und mache mich auf den Weg zum Auto.

*

Die Flasche Bordeaux, die ich von meiner letzten Frankreichreise mitgebracht habe, wollte ich für einen ganz besonderen Anlass aufheben. Und der ist jetzt gekommen, denn ich möchte sie Paolo schenken, um mich bei ihm zu entschuldigen.

Gerade suche ich nach einer passenden Schleife, die ich um den Flaschenhals binden will, als es an der Haustür klingelt. So eine Überraschung! Vor der Tür steht Paolo mit einem riesigen Blumenstrauß in der Hand, den er mir schüchtern entgegenhält.

»Wow – vielen Dank. Aber mein Geburtstag ist doch schon längst vorbei«, sage ich und bitte ihn herein.

»Si, si, claro. Aber ich möchte mich bei dir entschuldigen.«

»Das trifft sich gut«, antworte ich und muss lachen. »Ich möchte mich nämlich auch bei dir entschuldigen.« Ich hole die Flasche aus der Küche und überreiche sie ihm feierlich. »Leider bist du etwas zu früh gekommen, sonst wäre noch eine schöne goldene Schleife dran.«

Paolo grinst über das ganze Gesicht. »Hannah, du

musst dich doch nicht entschuldigen. Aber über Wein freue ich mich immer.« Er studiert das Etikett und nickt anerkennend. »Sollen wir ihn gleich aufmachen?«

Kurz darauf sitze ich mit Paolo an meinem kleinen Esstisch, und wir stoßen an. Es tut ihm leid, mich durch das Anbohren der Regale gestört zu haben. Ich versichere ihm, dass es mir noch sehr viel mehr leidtut, dass ich am Telefon so unfreundlich zu ihm gewesen bin. Paolo zuckt nur mit den Schultern.

»Nimmst du noch Gitarrenstunden bei Maribelle?«, fragt er.

»Ja, klar. Dass du sie mit zu meinem Geburtstag gebracht hast, ist wahrscheinlich das schönste Geschenk, das ich je bekommen habe.«

Paolo lächelt mich breit an. »Ich hab mir schon gedacht, dass ihr gut zusammenpasst.«

Ich erzähle Paolo begeistert von meinem Unterricht und darüber, dass ich bei ihr vieles lerne, was noch wesentlich wichtiger ist, als die richtigen Akkorde auf der Gitarre zu treffen.

»Ja, Maribelle ist eine liebe alte Freundin«, sagt Paolo verträumt. »Und eine sehr besondere Frau – sie hat viel erlebt und leider nicht nur Schönes …«

Ich will nicht neugierig sein und beschließe, nicht nachzubohren. »Heute hat sie mir einiges über das Geheimnis der Akzeptanz verraten«, sage ich, und Paolo blickt mich fragend an. Und dann erkläre ich ihm, dass ich erkannt habe, wie wichtig es ist, keinen inneren Widerstand gegen Dinge zu leisten, die wir nicht ändern können. Und dass wir nie glücklich werden können, solange wir bei jeder kleinen Irritation mit Wut oder Jammern reagieren.

»Zum Beispiel, wenn ein böser Nachbar am Sonntag Löcher für Regale bohrt?«, fragt Paolo, woraufhin wir beide in schallendes Gelächter ausbrechen.

»Du hast recht – das war ziemlich dumm von mir«, sage ich, als ich wieder Luft bekomme. »Dabei ist das ja noch eine Kleinigkeit. Wenn ich so drüber nachdenke, fällt mir ganz schön viel ein, was mir im Alltag nicht passt. Loslassen ist nicht gerade meine Stärke, weißt du. Entweder stört mich, dass es zu heiß oder zu kalt ist, dass das Wetter scheußlich ist oder mir der Bus vor der Nase wegfährt. Oder ich ärgere mich über eine blöde Bemerkung oder bin frustriert, weil ich Kopfweh habe.«

»Oder weil es in deinem Garten wie im Dschungel aussieht?«, fragt Paolo und zwinkert mir zu.

Ich nicke grinsend. »Maribelle meint, dass negative Gefühle von selbst wieder verschwinden, wenn man sich ihnen zuwendet. Und wenn man sie dann auch wirklich zulässt, statt ständig alles verändern zu wollen.«

»Hört sich gut an. Aber eins muss ich dir leider sagen: Wenn du deinem Garten nur beim Verwahrlosen zuschaust und nichts änderst, brauchst du nächstes Jahr eine Machete«, sagt Paolo und guckt mich mit blitzenden Augen an.

»Das fürchte ich auch«, antworte ich. »Aber das meinte Maribelle auch gar nicht. Was man verändern kann, soll man ruhig ändern – und was den Garten betrifft, da vertraue ich mal ganz auf deine beiden grünen Daumen.«

»Muy bien. Die Zeit ist jetzt gut, um den Boden zu lockern, Unkraut rauszureißen und zu düngen«, sagt Paolo schmunzelnd.

Ich bin begeistert. Und bevor Paolo geht, verspricht er mir, bereits nächstes Wochenende gemeinsam mit mir loszulegen.

*

Der Regen hat aufgehört. Ich öffne das Wohnzimmerfenster und atme die frische, feuchte Luft ein. Sie riecht nach Erde und nach nassem Gras. Leise fallen dicke Tropfen von den Blättern der Kastanie. Ich schließe das Fenster wieder, lege mich aufs Sofa und decke mich zu. Wie wunderbar es ist, einen so warmherzigen Nachbarn wie Paolo zu haben. Eigentlich wäre es langsam Zeit für mich, ins Bett zu gehen, aber der Tag war so voller Eindrücke, dass ich jetzt sowieso noch nicht einschlafen kann.

Morgen werde ich mich wieder dem Menuett widmen. Wenn ich es rechtzeitig aus dem Bett schaffe, möchte ich noch vor der Arbeit eine halbe Stunde üben. Ich denke daran, was Maribelle über Fehler gesagt hat. Dass wir unsere Fehler nicht so ernst nehmen und kein so großes Problem daraus machen sollten. Dass Fehler oft sogar sehr wichtig sind.

So vernünftig sich das auch anhört – wenn ich an die vielen Fehler denke, die ich in der Vergangenheit gemacht habe, liegt mir das immer noch schwer im Magen. Ich hätte mich viel mehr aus Sarahs Entscheidungen raushalten müssen. Wie oft habe ich versucht, mich, mehr als nötig, in ihr Leben einzumischen. Meine Kontrollwut hat zu vielen Streitereien geführt – nicht nur mit Dennis, sondern auch zwischen Sarah und mir.

Aber ist das nicht ganz normal für eine Mutter? Schließlich wollte ich nur, dass es meiner Tochter gut geht. Allerdings hätte ich Sarah sicher besser unterstützt, wenn ich nicht immer automatisch auf meine Sorgen und meinen Ärger reagiert, sondern mich meinen Gefühlen wirklich zugewendet hätte – wenn ich sie, wie Maribelle es ausgedrückt hat, »umarmt« und mehr auf mein Herz gehört hätte.

Vielleicht sind Fehler wirklich keine Katastrophe, denke ich. *Vielleicht waren sie in gewisser Weise notwendig*. Hätte ich jedoch damals schon gewusst, wie ich meine eigenen Gefühle annehmen und loslassen kann, dann hätte ich oft gelassener und mitfühlender reagiert. *Ich habe so viel falsch gemacht,* denke ich und spüre, wie mir Tränen in die Augen steigen. Doch gleichzeitig fühle ich, wie ein Gewicht von mir abfällt. Mir wird bewusst, dass weder ich noch Sarah noch sonst irgendjemand perfekt sein muss.

Mir kommt mein Notizbuch in den Sinn. Ich hole es aus dem Nachtkästchen, gehe in die Küche, um mir ein Glas Mineralwasser einzuschenken, und setze mich mit Block und Stift an den Esstisch. Mal sehen, ob mir noch einfällt, was ich heute bei Maribelle gelernt habe …

MARIBELLES GEHEIMNISSE

- *Fehler sind kein Problem, solange du keins daraus machst.*
- *Wenn du nicht den Mut hast, zu scheitern, kannst du auch nicht wachsen. Lernen heißt, Fehler zu machen. Gib dir selbst mehr Raum – erlaube dir zu scheitern.*
- *Du musst nicht perfekt sein. So gut es geht, ist gut genug.*
- *Du kannst das Leben nicht kontrollieren. Lass den Dingen ihren Lauf.*
- *Akzeptiere deine Gefühle, ohne sie zu bewerten oder vermeiden zu wollen.*
- *Du bist nicht deine Gefühle. Gefühle gehen vorbei. Sie sind wie Gäste, die kommen, eine Weile bleiben und dann auch wieder gehen. Schenke ihnen deine Aufmerksamkeit und behandele sie freundlich.*

*

Ich stehe in der Küche und räume die Gläser in die Geschirrspülmaschine, als mein Handy aufleuchtet und ein kurzes »Ping« das Eintreffen einer Whatsapp-Nachricht verrät.

Hallo Mama – geht's dir gut? Ich denk an dich.

Oh wie schön. Was machst du gerade?

Ich frühstücke – und jetzt ist mir eingefallen, dass es bei euch ja schon superspät ist. Hab ich dich geweckt?

Ach wo. Gerade war Paolo noch da, und ich bin noch ganz aufgedreht, weil ich heute Maribelle getroffen habe …

Die Gitarrenlehrerin?

Ja. Maribelle ist gerade dabei, mein Leben auf den Kopf zu stellen 😊
Ist auch höchste Zeit, dass sich einiges verändert.

Cool! Die muss ich unbedingt auch mal kennenlernen.

Vielleicht schaffst du es ja, an Weihnachten zu kommen?

Weiß ich leider noch nicht.

Oje, ich hoffe, dass ich jetzt nicht zu aufdringlich war, und tippe weiter.

Jedenfalls vermisse ich dich sehr,
mein Schatz.

Ich dich auch, Mama. Zurzeit habe ich oft
total Heimweh. Hoffe, ich schaffe es an Weihnachten.

Das wär klasse 👍 Schau halt mal …

Ich muss gleich los, Mama. Hab dich lieb.

Ich hab dich auch sehr lieb,
meine kleine Große.
Ciao Sarah ❤

Allzu viel kann ich doch nicht falsch gemacht haben, denke ich, als ich es endlich ins Bett geschafft habe. Wie schön wäre es, Sarah wieder einmal fest in die Arme schließen zu können. Bis Weihnachten sind es noch mehr als drei Monate. Ich spüre, wie traurig mich dieser Gedanke macht. Eine tiefe Leere breitet sich in mir aus, und mein Herz schmerzt vor Sehnsucht.

Dann erinnere ich mich daran, was Maribelle gesagt hat, und wende mich meiner Traurigkeit bewusst zu.

Ich beobachte genau, wie es sich anfühlt, traurig zu sein. Und während ich aufmerksam in mich hineinspüre, merke ich, dass ich dabei trotz der Traurigkeit eine gewisse Ruhe und Kraft bewahren kann.

Traurig zu sein, ist vollkommen okay, denke ich und mache mir bewusst, dass dieses Gefühl nicht ich bin und dass es irgendwann wieder vorbeigehen wird.

Gefühle kommen und gehen wie Wellen, auf denen ich mich wie auf einer Schaukel tragen lassen kann. Nachdem ich das Licht ausgeschaltet und mich unter die Decke gekuschelt habe, fällt mir der kleine Frosch im Teich wieder ein. Ich denke daran, wie er da auf seinem Seerosenblatt saß – zufrieden schaukelnd und eins mit sich selbst.

DAS GEHEIMNIS DER STILLE

Wie lange ist es her, dass ich ohne Wecker aufgewacht bin?, frage ich mich, als ich von warmen Lichtstrahlen geweckt werde. Ich kann mich nicht erinnern. Ich blinzele verschlafen ins Zimmer und sehe, wie die Sonne durch die Vorhänge dringt und helle Streifen an die Wände malt. Kaum, dass ich die Augen geöffnet habe, springe ich aus dem Bett. Meinen Vorsatz, wenigstens am Wochenende noch kurz liegen zu bleiben und die Ruhe des frühen Morgens zu genießen, werfe ich über Bord. Ich bin zu aufgeregt, denn heute ist ein besonderer Tag, auf den ich mich schon die ganze Woche lang gefreut habe. Heute werde ich mit Maribelle picknicken gehen. Als sie mir vorigen Sonntag vorgeschlagen hat, die letzten warmen Tage des Jahres für einen kleinen Ausflug zu nutzen, war ich erst etwas überrascht. Aber inzwischen finde ich die Idee großartig und kann es kaum erwarten, dass es endlich losgeht.

Nachdem ich aufgestanden bin, öffne ich das Fenster, lehne mich hinaus und schnuppere die Morgenluft. Ein Blick in den Himmel bestätigt, was die Wetter-App versprochen hat. Nur vereinzelt ziehen Schäfchenwolken durch das makellose Blau. Die Vögel zwitschern fröhlich, und es wird ein strahlender Tag werden. Ideale Voraussetzungen für unseren kleinen Ausflug.

Bevor ich ins Bad gehe, hole ich noch ein paar bequeme Sachen aus dem Schrank. Ich entscheide mich für eine lockere Leinenhose und eine luftige Bluse sowie für alle Fälle noch einen leichten Pullover. Die Sonnenbrille liegt im Auto, und meinen schicken Strohhut habe ich gestern schon an den Garderobenständer gehängt.

Während ich unter der warmen Dusche stehe und mir die Haare wasche, stelle ich mir lebhaft vor, wie ich heute gemeinsam mit Maribelle auf einer Decke sitzen und die Sonne genießen werde. Wie schön es ist, sie als Freundin gewonnen zu haben. Anfangs war Maribelle für mich nur meine Gitarrenlehrerin und eine erfolgreiche Künstlerin, vor der ich großen Respekt hatte. Doch inzwischen hat sich unsere Beziehung verändert – sie ist tiefer und inniger geworden, und wir begegnen uns jetzt auf Augenhöhe. Obwohl ich auch meine Freundschaft zu Lina oder Elsie sehr schätze, habe ich doch bei Maribelle viel mehr das Gefühl, vollkommen so sein zu dürfen, wie ich wirklich bin.

In der Küche gieße ich kochendes Wasser in die Teekanne. Während der Tee zieht, überprüfe ich noch einmal den Picknickkorb. Ich habe einiges vorbereitet, habe gestern schon die Brownies gebacken und eine Papaya, Datteln, frische Trauben und etwas Fladenbrot gekauft. Ich nehme eine Flasche Wasser und Saft aus dem Kühlschrank und lege sie dazu. Fehlen nur noch die Sandwiches. Ich bin nicht sicher, wie ich sie belegen soll. Käse? Parmaschinken? Oder lieber etwas Vegetarisches? Ich habe Hummus gekauft und merke, dass ich eigentlich keine Ahnung habe, was Maribelle mag. Überhaupt weiß ich im Grunde sehr wenig über sie. Aber was den Brotaufstrich betrifft, mache ich mir mal keine Gedanken. Ich werde einfach verschiedene Sandwiches belegen. Ich kann mir sowieso nicht vorstellen, dass Maribelle sich beschweren oder enttäuscht sein wird. Das würde überhaupt nicht zu ihr passen. *Wie angenehm ist es doch, unkomplizierte Freunde zu haben,* denke ich.

*

Gerade will ich den Zündschlüssel ins Schloss stecken, als mir einfällt, dass ich die Sonnencreme vergessen habe. Also renne ich noch einmal ins Haus und hole die Tube. Beim Rausgehen habe ich das Gefühl, dass noch etwas Wichtiges fehlt. Aber was? Ich werfe einen gehetzten Blick in den Flur, überlege, ob ich nicht vielleicht doch noch eine Jacke mitnehmen oder eine zusätzliche Decke aus dem Keller holen sollte.

Mist – ich bin ganz schön spät dran. Hektisch werfe ich einen Blick auf die Uhr und laufe wieder zu meinem Mini. Ich starte den Motor, schalte das Radio ein und fummele auf der Suche nach einem passenden Sender zerstreut an den Tasten herum. Warum bin ich nur so unruhig und nervös? Seit Wochen bin ich ständig in Eile – dabei gibt es eigentlich keinen Grund dazu. Niemand ist hinter mir her.

Kurz nachdem ich von der Garagenauffahrt auf die Straße abgebogen bin, merke ich, dass ich wieder mal zu schnell fahre. Mir fällt ein, was Maribelle mir vor einiger Zeit geraten hat, als sie meine Unruhe gespürt hat. *»Nimm das Tempo raus – lass dir mehr Zeit.«* Diesen Ratschlag sollte ich mir wirklich öfter zu Herzen nehmen, und ich beschließe, es etwas ruhiger anzugehen. Ich atme tief durch, öffne das Fenster einen Spaltbreit und gehe vom Gas. Schließlich ist das hier kein Autorennen. Maribelle wird es egal sein, wenn ich mich zehn Minuten verspäte. Und so schalte ich den Klassiksender ein, genieße die Fahrt durch die noch ruhigen Straßen, entspanne mich und freue mich auf das kleine Abenteuer, das mich erwartet.

*

Bepackt mit Picknickkorb, Decke und einer großen Tasche, spaziere ich den vertrauten Waldweg entlang. Schon bald erreiche ich den Teich. Ich lasse meinen Blick über die Seerosen gleiten, doch von dem kleinen Frosch ist heute nichts zu sehen. Dafür kann ich schon Maribelles von wildem Wein umranktes Holzhäuschen ausmachen, das hinter den Bäumen hervorlugt. Umhüllt von der Wärme dieses wunderbaren Spätsommertages spüre ich, wie die Reste meiner inneren Unruhe mit jedem Schritt von mir abfallen.

Noch bevor ich die Hütte erreiche, öffnet Maribelle mir die Tür. Offenbar hat sie mich schon erwartet. Wir umarmen uns herzlich, und ich fühle mich sofort geborgen. Ich atme ihren Duft ein – diesen Hauch von Rosmarin und Mandeln, der mich augenblicklich freier durchatmen lässt. Maribelle hat ihr Haar, das sie sonst offen und wellig trägt, zu einem lässigen Knoten hochgesteckt. Sie trägt eine weite Tunika aus grober Baumwolle und scheint sich auf unser Picknick schon ebenso zu freuen wie ich. Mit funkelnden Augen verrät sie mir, dass sie einen ganz besonderen, zauberhaften Platz kennt.

»Macht es dir was aus, ein Stückchen zu gehen?«, fragt sie. Da ich ohnehin auf eine kleine Wanderung vorbereitet bin, macht mir das ganz und gar nichts aus – im Gegenteil. Wir setzen uns auf die Terrasse, und ich präsentiere Maribelle stolz meinen Korb mit den Leckereien, die ich für unser Picknick mitgebracht habe. Sie strahlt übers ganze Gesicht. »Das sieht ja köstlich aus. Warte, ich hole auch noch eine Kleinigkeit aus der Küche.«

Kurz darauf kommt sie mit einem großen Glas Oliven und einer Flasche Rotwein zurück. Behutsam reicht sie mir die Flasche und deutet dabei auf die kleine Zeichnung auf dem Etikett, die eine Gebirgskette zeigt. »Schau mal – da komme ich her«, sagt sie.

Auf dem Etikett steht *»Alamos – Mendoza, Argentinien«*. Maribelle erzählt mir, dass sie in Mendoza geboren ist, wo sie auch die ersten Jahre ihres Lebens verbracht hat. Ihre Augen strahlen, als sie von der malerischen Stadt am Fuß der Anden schwärmt, die mitten in den Weinbergen liegt. »Doch als ich sechs Jahre alt war, musste mein Vater aus geschäftlichen Gründen nach Deutschland ziehen und wir haben Argentinien schweren Herzens verlassen«, fügt sie ernst hinzu. Maribelle erzählt, wie schwer es für sie war, sich in einem fremden Land mit einer völlig fremden Sprache und Mentalität zurechtzufinden. »Aber letztlich war es wohl doch ein Glück, dass ich hier gelandet bin, denn so konnte ich an einer renommierten Musikhochschule Gitarre studieren«, meint sie lächelnd und fährt mit ihrer Erzählung fort.

»Schon als kleines Mädchen war ich von den Geschichten und Legenden fasziniert, die sich um meine Heimatstadt ranken. Und nach meinem Studium wollte ich endlich mehr über meine Wurzeln erfahren.«

Maribelle erzählt lebhaft, wie sie durch die atemberaubende Landschaft der Anden von Dorf zu Dorf wanderte. »Während dieser Reise besuchte ich San Martín de los Andes, ein abgelegenes, verzaubertes Dorf in den Anden, das häufig in den Geschichten meiner Kindheit erwähnt wurde. Dort traf ich auf ›Los Sonidos del Alma‹, eine Gruppe, die argentinische Folkloremusik und Tango spielt. Diese Musik hat mich tief im Herzen berührt und etwas in mir zum Leben erweckt, das ich längst verloren geglaubt hatte.« Maribelle lässt den Blick über ihren Garten schweifen. Es ist ihr anzusehen, wie sehr sie in ihren Erinnerungen schwelgt. »Der Chef der Truppe war Carlos, ein charismatischer Gitarrist mit einer tiefen und rauen Stimme«, fährt sie fort. »Ich schloss mich den Musikern an und lernte von Carlos, Tango zu spielen. Das eröffnete mir eine vollkommen neue Welt, denn bis dahin hatte ich mich ja nur mit klassischer Musik beschäftigt.«

Maribelles Blick verliert sich in der Ferne, und auf einmal wirkt sie sehr traurig. Unvermittelt steht sie auf, nimmt meine Hand und zieht mich vom Stuhl hoch. »Jetzt aber los! Lass uns den schönen Tag nutzen«, sagt sie und greift sich den Picknickkorb.

*

Nachdem wir Maribelles Haus verlassen haben, führt sie mich auf einen schmalen Pfad, der sich hinter ihrem Garten durch das dichte Grün schlängelt. Die Sonne wirft einzelne Strahlen auf den Waldboden, und der Wind trägt den Duft der Tannen mit sich. Ich folge Maribelle, die mit bedächtigen Schritten vorangeht. Tief im Wald gelangen wir auf einen ausgetretenen Weg. Während wir schweigend nebeneinander herlaufen, überfallen mich düstere Bilder aus meiner Vergangenheit. Ich denke an den viel zu frühen Tod meiner Mutter. Und ich ärgere mich, als ich mich an jenen Augenblick erinnere, da Dennis mich wie aus dem Nichts mit der Tatsache konfrontiert hat, dass er mich verlassen und zu seiner Geliebten ziehen wird.

»Das Leben, Hannah, ist wie unsere kleine Wanderung«, sagt Maribelle, während wir auf einen schmalen Pfad biegen, der mitten durch das Unterholz führt. »Es gibt Augenblicke des Lichts und der Dunkelheit – Momente, in denen der Weg klar vor uns liegt, und solche, wo wir das Gefühl haben, uns durch undurchdringliches Gestrüpp kämpfen zu müssen.«

»Sag mal, errätst du etwa schon wieder meine Gedanken?«, frage ich und schaue Maribelle mit großen Augen an.

»Die sind nicht schwer zu erraten – da genügt schon ein Blick in dein Gesicht«, antwortet sie und lacht. »Und ich versichere dir – man muss weder Wahrsagerin noch Hexe sein, um zu erkennen, woran du gerade denkst.«

Ich nicke, während ich wenig elegant über einen umgestürzten Baumstamm steige. »Das Leben kommt mir manchmal wie ein endloser Marsch vor. Und kaum hat man ein Hindernis überwunden, lauert schon das nächste.«

»Ja, das Gefühl kenne ich gut«, sagt Maribelle. »Aber das Wichtigste ist, immer im Fluss zu bleiben und niemals aufzugeben, Hannah.« Sie deutet auf das kristallklare Bächlein, das parallel zum Pfad entlangfließt. »Ganz egal, wie dunkel und dicht der Wald auch sein mag – der Bach hört nicht auf zu fließen. Darum findet er immer seinen Weg. Und auch wir werden unseren Weg immer finden, sofern wir nicht stehen bleiben.«

Als wir den Wald verlassen, erhebt sich ein grüner Hügel vor uns. Wir folgen einem schmalen Kiesweg und erklimmen den sanften Anstieg. Die Sonne strahlt mir ins Gesicht, und ich spüre den Wind, der etwas aufgefrischt ist, auf meiner Haut. Auf der Kuppe erwartet uns eine atemberaubende Aussicht – grüne Wälder und Wiesen, kleine Dörfer, eine Kuhweide und in der Ferne ein glitzernder See.

»Es gibt viel Dunkelheit, aber auch viel Licht auf unserer Reise«, sagt Maribelle sanft, während wir unseren Blick bis zum Horizont schweifen lassen. »Aber es ist der gesamte Weg, mit all seinen Schwierigkeiten und Freuden, der das Leben so wertvoll macht.«

Vermutlich hat Maribelle recht. Jeder Schritt, jede Wendung auf meinem Weg war notwendig, um mich an diesen Punkt meines Lebens zu bringen – auf diesen Hügel, zu Maribelle, zur Musik, zu diesem kostbaren Augenblick. Und auch wenn es Phasen gab, auf die ich liebend gerne verzichtet hätte, so waren es doch allesamt wichtige Stationen auf meiner Reise zu diesem Augenblick.

Wir überqueren den Hügel und treffen wieder auf das Bächlein. Zielstrebig führt Maribelle mich zu einer kleinen Lichtung, wo der Bach breiter und ruhiger wird. Das hohe Gras reicht fast bis zum Ufer. Wir breiten unsere Decke nahe am Bachufer aus, stellen den Picknickkorb ab und machen es uns gemütlich. Es stimmt, was Maribelle versprochen hat: Dieser Ort ist wirklich magisch, und ich habe ihn sofort in mein Herz geschlossen.

Ich strecke mich auf der Decke aus, schaue in den Himmel und beobachte die Wolken, die träge vorbeiziehen. Maribelle sitzt mit angezogenen Beinen neben mir und hat die Augen geschlossen.

»Wärst du nicht gerne in Argentinien geblieben – damals, als du durch die Anden gezogen bist?«, frage ich, als mir das Schweigen unangenehm wird.

Maribelle seufzt. Es scheint ihr schwerzufallen, weiterzusprechen. Dann erzählt sie mir, dass sie viele Monate lang mit den Musikern auf Tournee war. »In dieser Zeit ist mein Herz aufgeblüht. Und das lag nicht nur an der Musik.« Maribelle lächelt, doch ihr Lächeln wirkt traurig. Ich unterdrücke meinen Impuls, sie auszufragen, und warte geduldig, bis sie weiterspricht. »In diesen Tagen geschah etwas Unerwartetes. Ich habe mich in Mateo verliebt. Er war der Geiger der Gruppe – ein junger Vollblutmusiker mit so viel Energie und Lebensfreude, wie ich sie noch nie zuvor bei einem Menschen erlebt hatte. Und als ich ihn das erste Mal Geige spielen hörte, war es um mich geschehen. Bei jedem Solo, das er bei unseren Konzerten gespielt hat, spürte ich, wie mir ein wohliger Schauer über den Rücken lief, und oft musste ich mit den Tränen kämpfen, weil mich sein Klang so tief berührt hat.«

Maribelle nimmt ein paar Trauben und blickt nachdenklich in die Ferne, als sie fortfährt. »Nach den Auftritten saßen wir mit den Musikern oft noch bei einem Glas Wein zusammen. Und wenn dann endlich alle anderen ins Bett gegangen waren, redeten und flirteten Mateo und ich oft noch stundenlang miteinander und kamen uns dabei immer näher. An lauen Abenden schmiedeten wir unter dem Sternenhimmel Pläne. Mateo hatte die Idee, ein Duo mit Gitarre und Geige zu gründen, und ich war sofort Feuer und Flamme. Wir träumten davon, uns ein altes Wohnmobil zu kaufen und damit durch Südamerika zu touren. Doch dann …«

Während Maribelle schweigend ins Leere starrt, beobachte ich, wie ihre Augen sich mit Tränen füllen und ihr Körper von einem sanften Beben durchzogen wird. Sie schluckt schwer, bevor sie weiterspricht. »Dann kam die Nacht, die ich nie vergessen werde. Mateo war auf der Heimfahrt von einem Solokonzert, und ich hatte schon sehnsüchtig auf ihn gewartet. Doch in dieser Nacht ist er nicht mehr nach Hause gekommen. Ein entgegenkommender Laster hatte seinen Fiat gerammt und von der Straße gedrängt. Die Sanitäter, die als Erste vor Ort waren, haben mir später gesagt, dass Mateo sofort tot war.«

»Oh, mein Gott, das tut mir furchtbar leid, Maribelle!« Ich setze mich dicht neben sie und lege ihr behutsam eine Hand auf die Schulter. Paolo hatte zwar angedeutet, dass Maribelle auch schwere Zeiten erlebt hat, aber ich hatte ja keine Ahnung. Lange sitzen wir in Gedanken versunken nebeneinander.

»Nach Mateos Beerdigung habe ich mich von der Musikgruppe getrennt. Ich konnte nicht länger in Argentinien bleiben. Ich hielt es einfach nicht mehr aus. Jeder Sonnenuntergang, jedes Bergpanorama, jede Bühne, auf der wir aufgetreten waren, jeder Tango aus unserem Repertoire – alles erinnerte mich schmerzhaft an meinen Verlust.«

Ich möchte sie etwas fragen, doch ich finde keine Worte. Es fällt mir schwer, die Stille zu durchbrechen. Ich räuspere mich schließlich und frage sie leise, wie es damals für sie weitergegangen ist.

Maribelle erzählt mir, dass sie während ihres Studiums in Deutschland oft in ein kleines Café an der Uni gegangen war, wo Paolo aushilfsweise an der Kaffeebar gearbeitet hatte. Schnell war Paolo damals ihr bester Freund geworden. Nach dem Unfall hatte sie ihn sofort angerufen. Obwohl an Trost in dieser Zeit nicht zu denken gewesen war, hatte es ihr doch gutgetan, jemanden zum Reden zu haben – einen Menschen, der wirklich zuhören konnte.

»Kurz darauf hat Paolo mir eine liebe Mail geschrieben. Er wusste, dass ich wieder nach Deutschland kommen würde, und hatte von einem freien Häuschen im Grünen gehört. ›Es ist eher eine Hütte als ein Haus‹, hatte er mich vorgewarnt. Im Anhang seiner Mail fand ich zwei Fotos, die die Hütte aus verschiedenen Perspektiven zeigten. Mein Herz wusste sofort, dass dies genau der richtige Ort für mich ist. Allerdings hat mein Kopf noch ein Weilchen gebraucht, um die richtige Entscheidung zu treffen«, sagt Maribelle und lächelt wieder ihr strahlendes Lächeln.

Sie steht auf, geht zum Bach und kniet sich ans Ufer. Sie schöpft das kalte, klare Wasser mit ihren Händen und taucht ihr Gesicht hinein, so als wolle sie alle düsteren Gedanken wegspülen. Mit leicht geröteten Wangen kehrt sie zurück, kniet sich auf die Decke und nimmt die Oliven, das Brot und den Wein aus dem Picknickkorb. Nachdem Maribelle die Flasche entkorkt und uns etwas Wein eingeschenkt hat, hebt sie ihr Glas und stößt mit mir an. »Auf das Leben, Hannah. Und auf uns.«

*

Während Maribelle und ich uns über das Fladenbrot und die Oliven hermachen, beobachte ich sie aufmerksam. Sie lässt ihren Blick auf dem Bach ruhen, der in der Sonne glitzert. Ihre Traurigkeit scheint verflogen zu sein. Ich sage ihr, wie sehr ich ihre Ausstrahlung bewundere, und frage sie, wie sie es nach allem, was sie erlebt hat, nur geschafft hat, so eine Gelassenheit und Lebensfreude zu entwickeln. In Anbetracht ihrer Geschichte erscheinen mir meine Probleme geradezu lächerlich.

»Die beste Entscheidung, die ich in dieser schweren Zeit getroffen habe, war es, in den Wald zu ziehen. Oder sagen wir zumindest an den Waldrand«, sagt Maribelle lachend. Mit einer großzügigen Geste breitet sie ihre Arme aus und sagt: »Schau doch nur, wie wundervoll die Natur um uns herum ist – der Bach, das Schilf, der Wald, die Wolken. Ich weiß nicht, ob mir die heilsame Kraft der Natur früher schon bewusst war. Aber nach meiner Wiederkehr hatte ich eine unglaubliche Sehnsucht nach Schönheit und Harmonie, wie wir sie nur in der Natur entdecken können.«

Maribelle öffnet ihren Haarknoten, und ihre silbernen Haare fallen wie sanfte Wellen über ihre Schultern. »Wir alle sind ein Teil der Natur, und je mehr wir uns von ihr entfernen, desto mehr verlieren wir uns. Umgekehrt hilft die Natur uns aber auch dabei, wieder ganz zu uns selbst zu finden – und gerade in den schweren Momenten unseres Lebens kann das sehr wertvoll sein.«

»Ja, ich glaube, ich weiß, was du meinst«, sage ich. Wenn es während der Woche im Verlag drunter und drüber geht, mir alles zu viel wird und ich mich wieder einmal total ausgelaugt fühle, gehe ich am Wochenende manchmal eine Runde im Wald spazieren.

»In der Natur zu sein kann sehr beruhigend sein«, sage ich. »Und mit etwas Glück hilft es mir sogar, den Kopf wieder freizukriegen.«

»Oh, da solltest du dich aber lieber nicht auf dein Glück verlassen«, meint Maribelle und lächelt mich an. »Natürlich ist es eine gute Idee, sich gelegentlich auszuklinken und dem Lärm der Stadt zu entfliehen. Aber wahrscheinlich hast du nicht allzu oft die Gelegenheit dazu.«

Das stimmt allerdings. Ich denke darüber nach, wie selten ich mich in den letzten Jahren in der Natur aufgehalten habe. Meine kleinen Waldspaziergänge sind die absolute Ausnahme. Normalerweise verbringe ich meine Tage hauptsächlich am Schreibtisch und vor dem Computer. Nach der Arbeit steige ich in den Bus oder ins Auto, und in meiner freien Zeit verschanze ich mich am liebsten zu Hause. Oder ich gehe gelegentlich mit Freundinnen ins Kino oder zum Essen. Gerade wird mir bewusst, wie unnatürlich diese Lebensweise eigentlich ist.

Maribelle weist mich darauf hin, dass es gar nicht nötig ist, jede freie Minute im Grünen zu verbringen, um zur Ruhe zu kommen. »Du kannst dich so gut wie überall mit der Natur verbinden und so zu dir finden – sogar in deinem Garten oder auf dem Balkon. Aber ob dir das gelingt, ist keine Frage des Zufalls oder von ›Glück‹«, sagt sie.

»Meinst du damit etwa, dass ich das selbst machen kann, dass ich mich mit der Natur verbunden fühle?«, frage ich.

»Na ja – ›machen‹ ist vielleicht nicht ganz das richtige Wort«, sagt Maribelle lachend. »Natürlich kannst du einiges ›machen‹. Zum Beispiel indem du wandern gehst. Oder indem du dich um deinen Garten kümmerst, denn auch Gartenarbeit ist ein einfacher Weg, die Natur wieder zu spüren.« Maribelle zwinkert mir zu. Sie weiß ganz genau, wie es um meinen Garten steht und wie selten ich mich um ihn kümmere. »Aber das ist eigentlich nicht der springende Punkt«, ergänzt sie.

»Sondern?«, frage ich.

»Es geht nicht um Häufigkeit oder um Dauer. Es geht darum, worauf du deine Achtsamkeit richtest. Um in die Tiefe sehen und die Geheimnisse der Natur erkennen zu können, musst du nicht im Wald leben. Das klappt sogar, wenn du die Kastanie in deinem Garten betrachtest. Oder auch im Park, falls du vielleicht gar keinen Garten oder Balkon hast. Na ja – oder sagen wir: Es klappt, sofern du lernst, sie nicht nur mit den Augen, sondern auch mit deinem Herzen zu sehen.«

Was mag Maribelle wohl damit meinen?, überlege ich, während ich mir einen Schluck Wasser einschenke und im Korb nach einem Käse-Sandwich angele. *Nicht nur mit den Augen, sondern auch mit dem Herzen sehen?* Ich muss zugeben, dass ich meiner Kastanie bisher selten mehr als einen flüchtigen Blick geschenkt habe. Klar, mir ist nicht entgangen, dass die Blätter sich im Herbst braun verfärben, dass der Baum im Winter kahl ist oder er im Frühling hellgrüne Blätter treibt. Aber habe ich die Kastanie eigentlich jemals so richtig wahrgenommen? Ich glaube kaum.

Beim Essen frage ich Maribelle, ob sie mir zeigt, wie ich lernen kann, in die Tiefe zu sehen und mich besser mit der Natur zu verbinden.

»Eigentlich gibt es da nicht viel zu lernen«, sagt sie und schaut in den Himmel, wo ein großer Schwarm Stare entlangzieht. »Du musst es einfach nur tun. Die Natur ist nichts Geheimnisvolles – sie ist der Ursprung allen Lebens. Du bist ja selbst ein Teil von ihr. Es gibt im Grunde nur wenig, was du ›machen‹ kannst: Nimm dir Zeit, wende dich der Natur wirklich zu, und sei dabei ganz wach und bewusst.«

Obwohl ich ahne, was sie meint, bin ich mit der Antwort nicht zufrieden. Für mich klingt das Ganze etwas rätselhaft, und so frage ich Maribelle, ob sie mir nicht noch ein paar konkretere Hinweise geben kann.

»Iss erst einmal dein restliches Sandwich zu Ende«, sagt sie fröhlich. »Und dann zeige ich dir eine kleine Übung.«

Nachdem ich aufgegessen habe, bittet Maribelle mich, mich bequem, aber gerade hinzusetzen. »Schließe kurz die Augen. Nimm dir etwas Zeit, deinen Körper zu entspannen und ein paarmal in Ruhe durchzuatmen. Und wenn du dann so weit bist, kannst du die Augen langsam wieder aufmachen«, sagt sie leise. Allein schon ihre sanfte, warme Stimme zu hören, versetzt mich in einen gelösten, entspannten Zustand. Als ich die Augen kurz darauf wieder öffne, bittet Maribelle mich, meinen Blick auf das Schilfgras zu richten, das am Ufer des Baches wächst.

»Richte deine ganze Aufmerksamkeit jetzt für einige Momente auf das Schilf. Betrachte einfach nur die Farben und Formen, und beobachte, wie der Wind durch die Halme streift, wie sie sich sanft im Wind wiegen.«

Ich kneife die Augen zusammen und konzentriere mich auf das Schilfgras.

»Entspanne deine Augen, Hannah. Es ist überhaupt nicht nötig zu starren – im Gegenteil«, sagt Maribelle mitfühlend, als sie meinen angestrengten Blick bemerkt. »Du brauchst dir wirklich gar keine Mühe zu geben. Nimm dir einfach nur etwas Zeit, die Schönheit auf dich wirken zu lassen. Vergiss alle Gedanken an das, was früher war, oder an das, was später sein wird. Und falls doch solche Gedanken auftauchen, macht das nichts. Richte deine Aufmerksamkeit dann einfach wieder auf das Schilfgras. Nimm auch die Details wahr – die Form der Halme, ihre verschiedenen Farbtöne und die Bewegungen im Wind. Aber bleibe dabei ganz entspannt, vor allem im Gesicht.«

Allmählich fange ich an zu verstehen, worum es geht. Je länger es mir gelingt, meinen Blick einfach nur ruhen zu lassen und meinen Körper zu entspannen, desto wacher und lebendiger fühle ich mich. Ich versuche nicht länger, verkrampft nach etwas Ausschau zu halten, sondern schalte mein Bewusstsein auf ›Empfang‹. Ich empfange einfach nur, was dieser Augenblick mir bietet, und nehme alles freundlich in mich auf. Vielleicht ist es das, was Maribelle meinte, als sie gesagt hat, dass ich lernen sollte, die Dinge ›mit dem Herzen zu sehen‹. Schon nach kurzer Zeit spüre ich, wie sich eine warme, wohlige Welle der Ruhe und Gelassenheit in mir ausbreitet. Ich lächle über das ganze Gesicht, und mir steigen Freudentränen in die Augen. Ich empfinde eine tiefe Dankbarkeit dafür, ganz hier sein zu dürfen – mitten in der Natur, in der Sonne, im Wind und mit Maribelle an meiner Seite.

»Und? Wie fühlst du dich?«, fragt Maribelle, als ich mich ihr wieder zuwende.

»Es fühlt sich unglaublich schön an«, antworte ich. »Ich glaube, ich habe meine Umgebung noch nie so intensiv wahrgenommen. Zwischendurch hatte ich das Gefühl, dass das Schilf zu mir spricht, dass es mir sanft ins Ohr flüstert, während es im Wind wogte. Und ich fühle mich auf einmal auch sehr ruhig – nicht nur im Körper, auch im Kopf.«

Ich erzähle Maribelle, wie sehr ich mich oft nach Ruhe sehne. Der Lärm und die Hektik des Alltags zehren an meinen Nerven. Manchmal gehe ich in eine Kirche – nicht um zu beten, sondern einfach nur, um zwischendurch einmal etwas zur Ruhe zu kommen.

»Glücklicherweise gibt es auch mitten in dieser lauten Welt noch ein paar Orte der Stille – eine Kirche, einen Wald oder auch eine abgelegene Parkbank«, sage ich.

Maribelle schaut mich lange nachdenklich an. Dann sagt sie: »Du hast schon recht, Hannah. In der Stille liegt eine unglaubliche Kraft. Als ich in der dunkelsten Stunde meines Lebens und in den darauffolgenden Tagen und Wochen nach einem Anker gesucht habe, nach Trost und Hilfe, da habe ich die Wohltat der Ruhe entdeckt und habe die heilende Kraft der Stille tief in meinem Herzen erlebt.« Sie schließt die Augen und atmet einige Male langsam durch, bevor sie weiterspricht. »Manchmal kann die Welt da draußen einfach überwältigend sein. Und das bekommen wir vor allem dann zu spüren, wenn es uns nicht so gut geht – wenn wir zum Beispiel traurig sind oder wenig Energie haben. Wenn ich mich so umsehe, glaube ich, dass die Menschen heute den Geschmack an der Ruhe verloren haben – dass sie ihre Schönheit vergessen haben. Ich fürchte, unsere Gesellschaft hat das Gespür dafür verlernt, wann es an der Zeit ist, wieder innezuhalten und zur Ruhe zu kommen.«

Allerdings, denke ich. Um mich herum scheinen alle ständig in Eile zu sein. Wir nehmen eine Masse an Informationen auf, surfen immer schneller, fahren immer schneller, rennen und rennen und wissen eigentlich gar nicht, wohin die Reise geht. Wenn ich mit Freunden, Kolleginnen oder Bekannten spreche, habe ich oft das Gefühl, dass sich viele von ihnen im Grunde nach Stille und Entspannung sehnen.

»Nur wenn dein Kopf ruhig wird, kannst du Klarheit finden«, durchbricht Maribelle meine Gedanken. »Und nur in der Stille öffnet sich dein Herz für die Schönheit des Lebens.«

»Ja. Schade, dass ich nicht öfter Zeit habe, in die Natur zu gehen«, sage ich traurig.

»Äußere Stille kann manchmal sehr hilfreich sein, um innerlich zur Ruhe zu kommen«, erwidert Maribelle. »Nötig ist sie allerdings nicht. Sogar mitten in einer lärmenden Menschenmenge kannst du innerlich vollkom men ruhig und gelassen sein.«

»Echt? Also mich bringt Lärm immer völlig durcheinander. Manchmal sehne ich mich nur noch nach Ruhe. Zum Beispiel, wenn ich abends zu Hause bin und die Nachbarn von gegenüber grillen, sich lauthals streiten oder ihre Musik voll aufdrehen.«

»Und was passiert, wenn du von der Arbeit nach Hause kommst und es in deiner Wohnung ganz ruhig ist – ist es dann wirklich still?«

Ich ziehe die Augenbrauen hoch. Das verstehe ich

nicht. »Wie meinst du das, Maribelle? Ja klar ist es still, wenn es ruhig ist, oder?«

»Bist du sicher? Höre einmal genau hin, Hannah. Überleg mal: Sind die Stimmen in deinem Kopf – all die Sorgen, die Zweifel, die Erinnerungen und Pläne oder die Gespräche des Tages nicht oft viel lauter als der Straßenlärm?«

Blitzartig verstehe ich, was sie meint. Es ist nicht wirklich der Lärm von außen, der mich aus der Ruhe bringt, sondern der Lärm in meinem Kopf. Die Unruhe, die mich so oft quält, ist eine innere Unruhe. Sie verschwindet nicht einfach, nur weil ich allein zu Hause bin und es um mich herum mucksmäuschenstill ist.

»Es ist die innere Stille, die heilend wirkt«, sagt Maribelle. »Wenn du gelernt hast, tief in deinem Inneren zur Ruhe zu kommen, werden sich fast alle Probleme, mit denen du zu kämpfen hast, ganz von selbst auflösen. In der Stille liegt die Kraft, die du brauchst, um alle Hindernisse, die sich dir in den Weg stellen, zu überwinden.«

Ich schenke mir und Maribelle einen Schluck Wasser ein und esse ein paar Oliven. Der Wind frischt auf, und langsam wird es kühler auf unserer Picknickdecke. Jetzt bin ich doch froh, dass ich meinen Pulli mitgenommen habe, und ziehe ihn mir über. Ich berichte Maribelle von meiner Nervosität und davon, dass ich auch heute früh beim Losfahren wieder so aufgeregt und rastlos war. Und ich erzähle ihr, dass ich diesen unruhigen Zustand besser kenne, als mir lieb ist.

»Mach dir nichts draus, das geht fast jedem so«, sagt sie. »Wir machen uns ständig über alles Mögliche Gedanken. Die meisten Gedanken sind allerdings unnötig, und einige von ihnen verursachen belastende Gefühle wie Ängste, Verzweiflung oder Wut. Unsere ständig herumschwirrenden Gedanken und negativen Gefühle sind wie Wellen im Sturm.«

»Und kann man diese Wellen denn zur Ruhe bringen?«, frage ich und schaue Maribelle erwartungsvoll an.

»Natürlich – und das sollte man auch, wenn man entspannt und stressfrei leben will.« Maribelle lächelt mich an. Sie erklärt mir, dass Stille der Ursprung allen Lebens ist. »Stille ist auch die Voraussetzung dafür, dass Töne erklingen und dass wir überhaupt Musik hören können. Ebenso braucht es eine weiße, leere Leinwand, damit wir ein Bild oder einen Film sehen können. Du kannst dein wahres Wesen nur erkennen, wenn du innerlich vollkommen still geworden bist – so wie du nur auf den Grund des Sees schauen kannst, wenn die Wellen sich gelegt haben und die Wasseroberfläche ganz glatt geworden ist.«

»Schön und gut – nur dass ich wohl kaum beeinflussen kann, ob ein Sturm aufzieht oder ob Flaute herrscht«, wende ich ein.

»Das stimmt allerdings. Auf das äußere Wetter hast du keinen Einfluss. Aber dein inneres Wetter kannst du durchaus verändern – auch wenn du kein Wettergott bist.« Maribelle zwinkert mir zu.

»Das klingt zu schön, um wahr zu sein«, sage ich seufzend. »Aber wenn mir Sorgen und düstere Gedanken im Kopf herumkreisen, habe ich leider nicht gerade das Gefühl, den inneren Sturm bändigen zu können.«

»Ist dir kalt?«, fragt Maribelle.

Ich wundere mich über diese seltsame Frage. »Nein. Also vorhin, da war mir etwas kühl, aber jetzt ist mir warm.«

»Und warum ist dir jetzt nicht mehr kalt?«

»Weil ich mir meinen Pulli angezogen habe, als es frischer geworden ist.«

»Aha, siehst du«, sagt Maribelle und schaut mich geheimnisvoll an.

Ich verstehe gar nichts mehr. Wieder einmal spricht sie in Rätseln. Als Maribelle meinen hilflosen Blick bemerkt, muss sie lachen.

»Entschuldige – ich merke schon, dass das etwas verwirrend war. Okay, ich erklär's dir. Als es vorhin kühl wurde, konntest du das natürlich nicht ändern. Aber eins konntest du tun: Du konntest dich wärmer anziehen. So hast du ideale Bedingungen geschaffen, damit du nicht frierst. Ebenso kannst du ideale Bedingungen schaffen, um deinen Geist zu entspannen. Du kannst deine Gedanken zwar nicht willentlich stoppen, aber du kannst dafür sorgen, dass sie mehr und mehr von selbst zur Ruhe kommen.«

»Einfach dadurch, dass ich gute Bedingungen dafür schaffe?«

»Genau. Indem du dich vom Lärm abwendest und dich der Ruhe zuwendest, schaffst du ideale Bedingungen für dein Glück und deine Zufriedenheit. Es gibt natürlich keine Garantie, denn Gedanken machen, was sie wollen, und manchmal wird es in deinem Kopf weiterhin ganz schön stürmisch zugehen. Doch wenn du die Voraussetzung dafür schaffst, zur Ruhe zu kommen und dich zu entspannen, wird dir das immer wieder auch gelingen. Für gute Bedingungen zu sorgen heißt mit anderen Worten, dass du gut für dich selbst sorgst – egal, ob du dich wärmer anziehst, wenn dir kalt wird, oder ob du die Saat der Ruhe in deiner Seele säst, wenn du gestresst bist.«

»Und wie soll das gehen? Wie kann ich diese idealen Voraussetzungen schaffen?«, frage ich.

»Oh, da gibt es mehrere Möglichkeiten. Heute sind wir zum Beispiel zum Picknicken an diesen wundervollen Ort gekommen. Hier gibt es keine Autos, keine Baustellen und kein Internet – wir haben uns vom Lärm ab- und uns der Natur zugewendet, und so konnten wir die Stille im Außen genießen. Das ist eine Möglichkeit, den Kopf frei zu kriegen. Aber es gibt noch eine andere, und die dürfte für die meisten von uns, sofern sie nicht gerade in der Natur leben, praktikabler sein. Worauf es wirklich ankommt, ist nämlich wie gesagt weniger, dass es um uns herum ruhig ist, sondern, dass es in uns selbst ruhig ist.«

Maribelle erklärt mir, dass ich die Stille in mir selbst nur erfahren kann, wenn ich bereit bin, mich von meinem inneren Lärm abzuwenden. Und dass das nicht heißt, Gedanken zu unterdrücken, sondern dass es nur darum geht, sich nicht länger mit ihnen zu identifizieren und gelassen zu bleiben.

»Das ist ungefähr, wie wenn du dir einen Film anschaust«, sagt sie. »Wenn der Film sehr spannend oder dramatisch ist, kann es leicht passieren, dass du dich selbst vergisst, weil du vollkommen in die Geschichte einsteigst. Aber wenn es dir zu viel wird, kannst du dich jederzeit umsehen und erkennen, dass noch andere Leute im Kino sitzen, dass der Projektor läuft oder dass du in einem Kinosessel sitzt. Dann bist du wieder ganz bei dir, bist dir bewusst, dass du hier und der Film da vorn auf der Leinwand ist. Und gerade bei Horrorfilmen kann das ja manchmal sehr beruhigend sein«, sagt Maribelle lachend.

Dann erklärt sie mir, dass das Filmbeispiel etwas hinkt. Schließlich gehen wir ja gerade deshalb ins Kino, weil wir in die Geschichte einsteigen und uns selbst in dem Film verlieren wollen. Ganz anders sieht es jedoch mit den Geschichten aus, die uns unser Kopf erzählt – mit all den Sorgen, Ängsten, Zweifeln und Schuldgefühlen. In unseren »inneren Filmen« festzustecken, ist meist nicht so lustig. »Und deshalb ist es eben wichtig, aus der Geschichte auszusteigen und zur Ruhe zu kommen«, sagt Maribelle.

»Aber wie soll das denn gehen?«, frage ich. »Manchmal verbringe ich ganze Tage damit, zu grübeln. Wenn ich so sehr in meinem Kopf stecke, gibt es ja nicht so etwas wie einen Ausgang, oder?«

»Doch, es gibt einen Notausgang. Und der heißt ›Achtsamkeit‹«, antwortet Maribelle. »Wenn dir kalt ist, solltest du dir einen Pulli anziehen. Doch wenn du nervös, ängstlich oder verwirrt bist, hilft dir kein Pulli – dann brauchst du Achtsamkeit. Achtsamkeit ist das Tor, das zur inneren Stille führt.«

Über das Thema Achtsamkeit haben wir im Verlag schon oft gesprochen. Sabine, meine junge Kollegin aus dem Sachbuch-Lektorat, hat bereits mehrere Bücher zu dem Thema betreut und einiges darüber erzählt. Allerdings ist mir bisher nicht ganz klar, warum eine so einfache Sache wie Achtsamkeit so tiefgreifende Wirkungen haben soll. Ich frage Maribelle, was denn der »Trick« an der Achtsamkeit sein soll.

Maribelle lacht. »Eigentlich ist Achtsamkeit gar kein Trick, sondern einfach nur ein Bewusstseinszustand«, sagt sie. »Es ist die Fähigkeit, deinen Fokus willentlich zu lenken – zum Beispiel auf deinen Atem oder deinen Körper. Jeder kann das. Wenn du dein Bewusstsein gezielt ausrichtest, lenkt das die Aufmerksamkeit von störenden Gedanken und Sorgen ab. Achtsamkeit ermöglicht es dir, aus der Welt in deinem Kopf auszusteigen und tief in die wirkliche Welt einzutauchen – in den gegenwärtigen Moment.« Als wollte sie ihre Worte unterstreichen, fährt Maribelle mit der Hand sanft durch das hohe Gras, als würde sie es streicheln. »Wann immer du im Hier und Jetzt bist, verlieren die Gedanken an Vergangenes oder Zukünftiges an Energie, und dann können Körper und Geist zur Ruhe kommen«, sagt sie. »Solange du dich auf deine unmittelbare sinnliche Erfahrung konzentrierst, kann dein Kopf eine wohlverdiente Pause einlegen – und je länger du das übst, desto länger wird diese Pause.«

Ich denke über Maribelles Worte nach. Es scheint sehr einfach zu sein. »Wenn ich dich richtig verstanden habe, besteht die Methode der Achtsamkeit also eigentlich nur darin, meine Aufmerksamkeit bewusst auf etwas auszurichten?«

»Im Prinzip schon«, antwortet Maribelle. »Allerdings ist es nicht ganz egal, auf was du sie lenkst. Du kannst deine Aufmerksamkeit auf die Gespräche deiner Kolleginnen am Nachbartisch in der Kantine richten, aber dadurch wirst du kaum zu innerer Ruhe finden, geschweige denn, zu dir selbst. Darum ist es wichtig, deine Achtsamkeit auf Schönes zu lenken – zum Beispiel auf das Schilf am Ufer oder die Wolken. In der Meditation wird die Achtsamkeit aber vor allem nach innen gelenkt. Meistens auf den eigenen Körper oder den Atemstrom.«

»Meditation?«, frage ich verwundert. »Ehrlich, Maribelle – das klingt für mich ziemlich abgefahren. Da muss ich gleich an glatzköpfige Mönche denken, die regungslos im Schnee sitzen.«

Maribelles Mundwinkel zucken, und ich sehe, wie sie sich bemüht, ein Lachen zu unterdrücken. »Wusstest du, dass in buddhistischen Klöstern nicht nur Mönche, sondern auch Nonnen Glatzen haben? Ich könnte mir vorstellen, dass dir das vielleicht auch ganz gut stehen würde.« Jetzt gibt es für Maribelle kein Halten mehr, und sie bricht in ein ansteckendes Lachen aus.

»Keine Sorge, Hannah«, sagt sie, nachdem sie sich

wieder gefangen hat. »Du musst nicht zum Friseur gehen, um zu meditieren. Außerdem ist Meditation gar nicht so abgefahren, wie du vielleicht denkst, sondern eigentlich im Gegenteil etwas ganz Normales. Auf einem Flug nach Argentinien saß ich einmal neben einer buddhistischen Nonne aus Vietnam – mit Robe und allem Drum und Dran und tatsächlich sogar mit Glatze. Sie war ausgesprochen freundlich und aufmerksam. Und obwohl ihr Englisch für mich schwer zu verstehen war, haben wir uns stundenlang unterhalten – vor allem über Achtsamkeit und Meditation. Dabei habe ich vieles gelernt, worüber ich mir zuvor nie Gedanken gemacht hatte.«

Maribelle erklärt mir, dass Achtsamkeit und Meditation eng miteinander zusammenhängen. »Eigentlich ist Meditation nur eine Vertiefung der Achtsamkeit – eine Möglichkeit, deine Achtsamkeit gezielt zu entfalten, dich auf den gegenwärtigen Augenblick zu fokussieren und alles Bewerten und Urteilen loszulassen.«

Da ich wohl immer noch etwas skeptisch dreinschaue, fährt Maribelle fort: »Du warst übrigens auch schon in meditativen Zuständen, Hannah. Vorhin zum Beispiel, als du deine Aufmerksamkeit für einige Zeit auf das Schilfgras am Bach gerichtet hast. Oder als wir kürzlich bei mir im Garten achtsames Atmen geübt haben. Immer wenn du deine Achtsamkeit für einige Zeit aufrechterhältst, bringt dich das ganz von selbst in einen meditativen Zustand.«

»Aber um richtig zu meditieren, sind meine Knie nicht gelenkig genug. Außerdem bezweifle ich, dass ich stundenlang aufrecht sitzen kann«, wende ich ein.

»Ach, Hannah – du stellst dir das alles viel zu schwer vor. In der Meditation geht es um nichts anderes als darum, ganz zu dir zu kommen. Meditation schenkt dir Ruhe, Gelassenheit und mehr Lebensfreude. Ich verspreche dir – das funktioniert ganz ohne Glatze, kaputte Knie oder einen verspannten Rücken. Und da du sicher noch anderes zu tun hast, musst du auch nicht stundenlang herumsitzen – und schon gar nicht im Schnee.« Maribelle lächelt mich an. Sie betont noch einmal, dass Meditation nichts Besonderes, sondern nur eine einfache Möglichkeit ist, innerlich ruhig zu werden und zu erkennen, was das Wesentliche im Leben ist.

»Das einzig Wichtige«, sagt Maribelle, »ist, dass du dir regelmäßig etwas Zeit schenkst, die du nur mit dir selbst verbringst. Diese Zeit brauchst du, um in die Stille einzutauchen und in deine Mitte zu finden. Du musst das aber gar nicht ›Meditation‹ nennen. Es wird heute ohnehin viel zu viel Aufhebens um diesen Begriff gemacht. Ob durch Achtsamkeit oder Meditation – alles, was du tust, um innerlich zur Ruhe zu kommen, wird dir sehr guttun. Und das gilt auch für das Gitarrenspiel.«

»Oje, das erzeugt bei mir aber eher Selbstzweifel und Minderwertigkeitskomplexe als Gelassenheit«, sage ich lachend. »Wenn ich daran denke, wie ich beim Üben mit meinen Fingern kämpfen muss, damit einigermaßen erträgliche Musik dabei herauskommt; das hat rein gar nichts mit Meditation zu tun.«

Maribelle lacht und stimmt mir zu. »Das Problem ist, dass man sein Instrument erst recht gut beherrschen muss, bevor Musik zu einer Meditation werden kann«, sagt sie. »Und ebenso wie in der Musik ist Übung auch auf dem Weg zu Ruhe und innerem Frieden das Entscheidende. Es ist nicht schwer, aber du musst es einfach tun«, sagt Maribelle. »Und zwar nicht nur wenn du gerade mal Lust dazu hast, sondern regelmäßig. Wenn du wirklich Fortschritte erzielen willst, solltest du es dir zur Gewohnheit machen, dich regelmäßig mit dir selbst zu verabreden.«

Langsam hat Maribelle meine Neugierde geweckt, und ich frage sie, ob es eine Meditation gibt, die zu mehr Ruhe führt und doch so einfach ist, dass ich sie auch als völlige Anfängerin durchführen kann.

Maribelle schweigt eine Weile und überlegt. Dann sagt sie: »Damals, als ich neben der Nonne im Flieger saß, hat sie mir von einer Meditationsmethode erzählt, die nicht nur die Achtsamkeit entwickelt, sondern auch zu tiefer Ruhe führt. Es ist eine sehr einfache Übung. Ich habe sie selbst über lange Zeit praktiziert, und glaube mir: Die Nonne hat nicht zu viel versprochen.«

Ich frage Maribelle, ob sie Lust hat, mit die Methode zu zeigen.

»Ach nee – ich dachte, du findest Meditation zu abgehoben?«, sagt Maribelle mit einem herausfordernden Grinsen.

»Na ja, wenn man erst einmal fünfzig ist, sollte man vielleicht lieber nicht mehr zu lange warten. Um neue Dinge auszuprobieren, ist dann vielleicht gar nicht mehr so viel Zeit.« Ich denke an meinen Entschluss, Gitarre spielen zu lernen, und bin richtig stolz auf mich, dass ich es geschafft habe, einen neuen Schritt in meinem Leben zu machen. Warum also nicht auch diesen?

»Also gut«, beginnt Maribelle, »dann folge jetzt einfach dem, was ich sage. Versuche, dich ein bisschen aufrechter hinzusetzen, und mach die Augen zu.« Maribelle legt ihre Handfläche auf meinen unteren Rücken. »Achte darauf, dass die Kraft von hier unten kommt. Wenn du das zu Hause ausprobieren willst, dann setze dich am besten auf ein festes Kissen. Das hilft dir, dein Becken gerade zu halten. Aber du kannst natürlich auch auf einem Stuhl sitzen – Hauptsache, dein Rücken ist aufrecht.«

Ich versuche, möglichst gerade zu sitzen, verspanne mich dabei aber ein bisschen.

»Die Herausforderung besteht darin, die richtige Balance zwischen einer aufrechten und doch entspannten Haltung zu finden – genau wie beim Gitarrenspiel«, sagt Maribelle. »Konzentriere dich auf deinen Bauch. Stell dir einen Berg vor, das hilft dir, stabil auf dem Boden zu sitzen. Aber achte auch darauf, deine Schultern und dein Gesicht zu entspannen.«

Ich probiere ein bisschen herum und finde schließlich eine Position, in der ich mich entspannen und dabei doch ganz wach sein kann. Maribelle bittet mich, meine Aufmerksamkeit erst einmal auf meinen Körper zu lenken.

»Spüre, wie du hier sitzt«, sagt sie. »Mache dir die Tatsache bewusst, dass du einen Körper hast – dass du in deinem Körper hier und jetzt anwesend bist.« Nach einer kurzen Pause fährt sie fort: »Und nun lenke die Aufmerksamkeit einmal auf deinen Atem. Dabei musst du nichts tun und nichts verändern. Spüre einfach nur, wie die Luft in deinen Körper ein- und dann wieder ausströmt. Lass deinen Körper atmen – er weiß schon selbst ganz gut, wie das geht.«

Anfangs fällt es mir schwer, meinen Atem einfach nur zu beobachten. Ich versuche immer wieder, tiefer zu atmen, obwohl Maribelle ja meinte, dass es darum nicht geht. Als ich mich zwischendurch wieder auf meinen Körper konzentriere, gelingt es mir auf einmal leichter, den Atem natürlich fließen zu lassen.

Nach einer Weile führt Maribelle mich noch tiefer in die Meditation hinein. »Richte deine Achtsamkeit jetzt auf das Hören. Lausche den Klängen. Vielleicht hörst du das Rauschen des Baches, den Wind, die Vögel hinten im Wald oder meine Stimme. Aber mach dir keine Gedanken, woher die Geräusche kommen – analysiere sie nicht. Lass einfach die Klänge zu dir kommen. Du musst nicht auf die Jagd nach Geräuschen gehen. Konzentriere dich ganz auf das Lauschen. Empfange alle Klänge, die du wahrnehmen kannst. Bleibe dabei ganz locker und entspannt.«

Maribelle schweigt. Sie schweigt sehr lange und lässt mir viel Zeit. Ich registriere alle Klänge aus meiner Umgebung. Es sind sehr angenehme Klänge. Ich versuche, nicht ins Nachdenken zu kommen, sondern ganz beim Lauschen zu bleiben – und je mehr ich mich darauf einlasse, desto ruhiger wird es in mir. Ich spüre, wie mein Atem ganz von selbst ruhiger und langsamer wird, und nehme sein rhythmisches Kommen und Gehen wahr. Meine Sinne scheinen immer schärfer zu werden – es ist, als würde ich plötzlich jedes Detail aus meiner Umgebung und jede Empfindung in mir klarer wahrnehmen. In diesem Augenblick fühle ich mich vollkommen im Einklang, so als würde ich ganz mit der Natur um mich herum verschmelzen. Ich atme tief aus.

»Gut«, sagt Maribelle leise. »Wenn du möchtest, kannst du diese kleine Meditation jetzt beenden. Spüre noch einmal, wie du hier sitzt. Spüre das Gewicht deines Körpers. Und dann atme ein paarmal tief durch, und öffne die Augen wieder.«

Ich schlage die Augen auf und strahle Maribelle an. Ich fühle mich, als wäre ich von einer langen, wunderbaren Reise zurückgekehrt. Keine von uns hat das Gefühl, etwas sagen zu müssen. Und so sitzen wir lange schweigend nebeneinander. Schließlich meint Maribelle: »Siehst du: Das Wesentliche ist immer einfach.«

Ich berichte Maribelle von meinen schönen Erfahrungen. Davon, dass meine Gedanken auf einmal wie weggeblasen waren und ich mich unglaublich weit und frei gefühlt habe, so als hätte ich die Grenzen meines gewohnten Bewusstseins überschritten. Ich frage sie, ob ich die Übung wohl auch in der Stadt machen kann, wo kein Bach und wenige Vögel, dafür aber viele Autos und das Brummen meines Kühlschranks zu hören sind.

»Es geht nicht darum, was du hörst«, antwortet Maribelle. »Es geht nur darum, achtsam zu lauschen. Indem du dich auf Klänge konzentrierst und bewusst zuhörst, werden störende Gedanken oder belastende Emotionen abnehmen. Und so kannst du deinen Geist beruhigen und eine tiefe innere Ruhe erfahren – und das sogar, wenn du in der Nähe einer befahrenen Straße meditierst«, erklärt mir Maribelle.

»Dann weiß ich ja, was ich üben kann, wenn Paolo das nächste Mal Löcher in die Wand bohrt«, sage ich lachend.

Maribelle lächelt, und ihre Augen funkeln, als sie antwortet. »Es ist nur Übung, Hannah. Klar, die Welt kann laut und chaotisch sein und deine innere Stimme übertönen. Aber wenn du lernst, deine eigene Stille zu finden, deine eigene Mitte, dann kannst du den Ort der Ruhe in dir jederzeit wieder aufsuchen, egal, was um dich herum geschieht. Bis du allerdings bei Bohrlärm zur inneren Stille finden kannst, wirst du sicher noch eine ganze Weile üben müssen.«

»Tja, man wächst mit seinen Aufgaben«, sage ich und muss grinsen. »Aber weißt du, was? Es wird langsam frisch, und wir haben fast noch nichts gegessen. Wäre doch doof, wenn wir den schweren Picknickkorb ganz umsonst mitgeschleppt hätten.«

»Allerdings«, stimmt mir Maribelle zu. Wir machen es uns gemütlich und packen den Korb mit den Leckereien aus. Ich greife nach der saftigen Papaya, lege die Frucht auf eine Serviette und beginne, sie mit schnellen Schnitten aufzuschneiden.

Maribelle beobachtet mich mit einem stillen Lächeln. »Wusstest du, dass auch Essen eine Form der Meditation sein kann?«

Ich halte in meiner Bewegung inne und schaue sie fragend an.

»Alles, was du tust, kannst du genauso gut auch achtsam tun. Zum Beispiel essen. Genießen ist die schönste Art, Achtsamkeit zu üben, denn Genießen ist ja nichts anderes, als den gegenwärtigen Moment bewusst zu erleben und wertzuschätzen. Du kannst dein Essen allerdings nur genießen, wenn du ihm deine ganze Aufmerksamkeit schenkst.«

»Aber tue ich das denn nicht sowieso?«, frage ich.

»Das weiß ich nicht – schon möglich«, antwortet Maribelle. »Aber hast du jemals eine Papaya wirklich wahrgenommen? Ihren Geruch, ihre Farben? Schau mal, wie ihr leuchtend orangefarbenes Fruchtfleisch in der Sonne schimmert und wie weich sie ist.« Maribelle lässt ihre Fingerkuppen sanft über die glatte Haut der Papaya gleiten. Sie lädt mich dazu ein, die Papaya bewusst zu fühlen, zu riechen und zu schmecken. Ich schließe die Augen und atme den fruchtigen, süßen Duft ein, der sofort Sommererinnerungen in mir wachruft. Behutsam entferne ich die schwarzen Kerne aus der Mitte der Frucht und schneide das Fruchtfleisch für uns beide in mundgerechte Stücke. Jedes Stück sieht wie ein kleines Kunstwerk aus. Die Papaya ist süß und saftig. Ich genieße den erfrischenden Geschmack und nehme mit jedem Bissen immer neue, exotische Aromen wahr.

In der Ferne ziehen dunkle Wolken auf. Es sieht ganz so aus, als ob es mit dem schönen Wetter bald vorbei wäre. Maribelle und ich packen die Picknicksachen zusammen und machen uns auf den Heimweg. Die einsetzende Dämmerung wirft ein sanftes, goldenes Licht auf den Waldboden. Während wir den Waldweg entlanggehen, umhüllt mich ein Gefühl des Friedens – ein Gefühl, angekommen zu sein. Die Erlebnisse des Tages klingen in mir nach, doch zugleich liegt mir noch eine Frage auf der Seele.

»Vorhin habe ich dich gefragt, wie du es geschafft hast, selbst nach deinem schrecklichen Verlust so gelassen und heiter zu sein, weißt du noch?« Maribelle nickt, und ich fahre fort: »Ich kann mir nicht vorstellen, dass es irgendetwas gibt, was dich aus der Fassung bringen könnte. Du scheinst vollkommen in dir zu ruhen, und dabei kommt es mir so vor, als hättest du immer unglaublich viel Energie. Liegt das wirklich nur daran, dass du dich in die Natur zurückgezogen hast?«

Maribelle geht lange schweigend neben mir her und scheint nach den richtigen Worten zu suchen. Schließlich sagt sie: »Vielen Dank für die Blumen, Hannah. Aber glaub nur nicht, dass ich nicht auch schlechte Tage habe. Aus deiner Frage höre ich irgendwie heraus, dass du gerne so eine Art Patentrezept von mir hättest – eine Methode, die zum Glück führt.«

Wieder einmal hat Maribelle mich durchschaut. Tatsächlich wüsste ich nur zu gern, was ihr Geheimnis ist. Ich frage sie, ob sie zum Beispiel regelmäßig meditiert.

»Ich würde es nicht unbedingt Meditation nennen«, sagt sie lachend und bleibt stehen. »Aber tatsächlich überlasse ich mein Glück und meine innere Ruhe nicht dem Zufall. Wenn ich sagen müsste, wie mein Geheimnis lautet, würde ich wahrscheinlich ›Achtsamkeit‹ sagen. Ich versuche einfach, von Tag zu Tag tiefer in das Leben einzutauchen. So wie ich mir wünsche, mit jedem Konzert tiefer in die Musik einzutauchen. Immer achtsamer und bewusster zu werden und irgendwann ganz im Jetzt zu leben – das ist der Weg, für den ich mich entschieden habe. Wenn ich etwas sehe, möchte ich es wirklich sehen. Wenn ich mit anderen Menschen spreche, möchte ich ihnen wirklich zuhören und verstehen, was sie bewegt. Und wenn ich eine Papaya esse, möchte ich sie wirklich schmecken, ohne gleichzeitig daran zu denken, ob ich Katzenfutter für Amadeus besorgen muss. Das besorge ich dann schon, wenn es so weit ist.«

Maribelle schaut in den Himmel, der sich zunehmend verdunkelt, und wir setzen unsere kleine Wanderung fort. »Ich denke, dass jeder Mensch im Grunde seines Herzens eigentlich nur glücklich sein will«, sagt sie. »Aber leider vergessen die meisten, dass Glück kein Ziel ist, auf das wir zusteuern, sondern der Weg selbst.«

Was Maribelle sagt, rüttelt mich wach. Ich fühle mich ertappt. Bisher habe ich das Glück auch als Ziel angesehen, dass irgendwo in der Ferne auf mich wartet. Ich war immer davon überzeugt, dass ich erst glücklich sein kann, wenn … tja – wenn was? Ständig habe ich darüber nachgegrübelt, welche Hindernisse ich noch überwinden, mit welchen Problemen ich noch fertigwerden oder was ich noch alles ändern muss – in meinen Beziehungen, in meiner Umgebung und in mir selbst. Aber wenn das Glück tatsächlich gar kein Ziel, sondern ein Weg ist, dann würde das alles verändern. Dann muss ich nicht erst noch mehr Geld ansparen, einen neuen Partner finden oder ein paar Kilo abnehmen, um glücklich und frei sein zu können. Dann kann ich das sofort. Theoretisch jedenfalls.

Über uns ballen sich die Wolken zu immer dickeren Regenwolken zusammen. Am Himmel geht es so unruhig zu wie in meinem Kopf.

»Ist alles okay, Hannah?« Maribelle ist nicht entgangen, dass ich in Gedanken versunken bin. Ich frage sie, worauf ich denn achten sollte, wenn ich glücklich sein will.

»Viele kleine Schritte, viele kleine Entscheidungen«, sagt Maribelle. Und da sie schon ahnt, dass ich wenig damit anfangen kann, ergänzt sie: »Es gibt viele Abzweigungen auf unserem Lebensweg. Und wenn wir falsch abbiegen – und das kann leider leicht passieren –, verlassen wir den Pfad des Glücks. Höre auf dein Herz, Hannah. Dein Kopf kann den richtigen Weg oft nicht sehen. Dein Herz aber verbindet dich immer mit der Gegenwart. Ihm kannst du vertrauen, denn es zeigt dir den Weg zu deiner Lebendigkeit und zur Liebe.«

Maribelles Worte berühren mich zutiefst. Erste Regentropfen fallen auf den Waldboden, doch zum Glück ist es nicht mehr weit. Als Maribelles Hütte schon in Sicht ist, sagt sie: »Letztlich ist alles eine Frage der Ausrichtung. In jedem Moment liegt eine Wahl. Du kannst wählen, auf was du deine Aufmerksamkeit richten willst. Wenn du Schönheit willst, musst du Schönheit wählen. Wenn du Glück willst, musst du Glück wählen. Du kannst deine Achtsamkeit auf das Jetzt richten, auf die Musik, die du spielst, auf die Musik, die du hörst, oder auf den Wind in den Bäumen … All das sind Möglichkeiten, deinen inneren Lärm aus Sorgen, Ängsten, Selbstzweifeln und Ärger zum Schweigen zu bringen. Und natürlich kannst du auch Zufriedenheit wählen.«

»Tatsächlich? Und wie denn bitte? Indem ich einen Regenschirm herbeizaubere?«, frage ich schmunzelnd.

»Viel einfacher«, sagt sie und strahlt mich an. »Durch Dankbarkeit. Wenn du anfängst, all die kleinen Dinge in deinem Geist zu sammeln, für die du in deinem Leben dankbar sein kannst, wirst du sehr reich. Reicher als jeder Millionär. Statt dich ständig auf das zu konzentrieren, was nicht in Ordnung ist oder was dir fehlt, kannst du wählen, dich auf die Geschenke auszurichten, die das Leben dir bietet. Konzentriere dich nicht auf den Mangel, sondern werde dir der Fülle bewusst. Werde zu einer Glückssammlerin. Dann wird es dir leichtfallen, tiefe Zufriedenheit zu finden.«

»Wenn du möchtest, kannst du den Korb und die Decke hierlassen, dann musst du nicht alles zum Auto schleppen«, sagt Maribelle, als wir die Hütte erreichen und sie die Haustür aufsperrt.

»Oh ja, gerne. Und wenn du nichts dagegen hast, lasse ich meinen Sonnenhut auch gleich hier, den werde ich wohl so bald nicht brauchen«, sage ich mit einem Blick zum Himmel.

Ich verabschiede mich von Maribelle, und wir vereinbaren für nächsten Sonntag wieder eine Gitarrenstunde. Als ich mich schon zum Gehen umdrehe, sagt sie mit gespieltem Ernst: »Und vergiss ja nicht, zu üben!«

»Keine Sorge«, antworte ich. Kurz überlege ich, ob sie wohl die Gitarre meinte oder ob sie mich daran erinnern wollte, Achtsamkeit zu üben. Ich beschließe einfach, während der nächsten Woche beides im Blick zu behalten, und gehe zügig zum Auto zurück.

*

Was soll's? Dann setze ich mich eben auf den Stuhl, denke ich, nachdem ich versucht habe, mich mit gekreuzten Beinen auf den Boden zu setzen, und schnell spüren musste, dass meine Knie nicht mehr die jüngsten sind. Heute bin ich frühzeitig aufgestanden. Ich wollte noch etwas Zeit für mich haben, bevor es in den Verlag geht. Gerade habe ich mir den Timer gestellt und mir vorgenommen, zehn Minuten lang die kleine Lauschübung durchzuführen. *Vergiss ja nicht zu üben* – Maribelles mahnende Worte klingen mir noch in den Ohren.

Nachdem ich mich kurz auf meinen Körper und meinen Atem konzentriert habe und etwas zur Ruhe gekommen bin, lenke ich meine Aufmerksamkeit ganz auf die Geräusche um mich herum. Es sind ganz andere als die bei unserem Picknick am Bach. Statt des sanften Rauschens höre ich das Gerumpel der Müllabfuhr, aufgeregte Stimmen, die von der Straße dringen, aber auch ein paar Vögel im Garten. *Es kommt nicht darauf an, was für Geräusche du hörst. Es ist nur wichtig, dass du dich ganz dem Lauschen hingibst,* hatte Maribelle mir eingeprägt. Und tatsächlich: Je mehr ich mich in das Lauschen hinein entspanne, desto ruhiger werden meine Gedanken. Ich spüre meinen Atem, spüre meinen Körper und lasse alle Geräusche zu mir kommen.

Zwischendurch denke ich daran, ob ich den Bus nehmen oder ob ich es heute noch mit dem Fahrrad schaffen kann. Doch sobald ich diese Gedanken bemerke, lenke ich meine Aufmerksamkeit wieder ganz auf das Hören. Und auf einmal passiert etwas Merkwürdiges: Es ist, als würde hinter all diesen Geräuschen ganz tief in mir eine Stille herrschen. Kurz habe ich das Gefühl, diese unbeschreibliche Stille tatsächlich hören zu können. Als der Timer klingelt, ärgere ich mich fast. Ich könnte ewig so sitzen bleiben und die Ruhe in mir genießen.

Nach dem Frühstück setze ich mich noch kurz auf die Terrasse. Die Sonne strahlt, aber es ist kühler, als ich dachte. Ich gehe noch einmal ins Haus, um mir eine Jacke zu holen, und nehme auch gleich das Notizbüchlein mit. Gestern vor dem Einschlafen habe ich versucht, das Wichtigste von dem, was Maribelle gesagt hatte, festzuhalten. Nach meinem kleinen Frühstück gehe ich meine Achtsamkeitsnotizen noch einmal in Ruhe durch.

MARIBELLES GEHEIMNISSE

- *Die Natur hilft uns, wieder ganz zu uns selbst zu finden. Gerade in den schweren Momenten unseres Lebens kann das sehr wichtig sein.*
- *Indem du dich vom Lärm abwendest und dich der Ruhe zuwendest, schaffst du ideale Bedingungen für dein Glück und deine Zufriedenheit.*
- *Äußere Stille ist hilfreich, um innerlich zur Ruhe zu kommen, doch nötig ist sie nicht. Auch mitten in einer lärmenden Menschenmenge kannst du innerlich vollkommen ruhig und gelassen bleiben.*
- *Glück ist kein Ziel, auf das du zusteuerst, sondern die Art und Weise, wie du den Weg gehst.*
- *In jedem Moment liegt eine Wahl. Wähle, auf was du deine Aufmerksamkeit richten willst. Sammle Augenblicke, für die du dankbar sein kannst, und gib jedem Tag die Möglichkeit, der schönste deines Lebens zu werden.*

Noch einmal lasse ich den wundervollen Tag mit Maribelle vor meinem inneren Auge ablaufen. Mir ist, als würde ich immer noch ihre Stimme in mir hören. Ich habe die Wahl. Langsam wird mir bewusst, wie weitreichend diese Erkenntnis ist. Heute habe ich gewählt, den Morgen achtsam zu verbringen, früher aufzustehen, eine kleine Übung zu machen und mir genug Zeit zu nehmen, um mein Frühstück zu genießen. *Du hast die Wahl, Hannah,* sage ich mir. Ich stehe auf, stelle mich vor den Badezimmerspiegel, lächele mich an und sage: »Guten Morgen, meine Liebe! Du bist okay, so wie du bist. Du musst nichts verändern, um glücklich zu sein.« Es fühlt sich verdammt gut an.

Seit Langem habe ich mich nicht mehr so darauf gefreut, in den Verlag zu gehen. Ich habe beschlossen, heute ein kleines Experiment zu machen. Ich werde meinen Fokus auf alles richten, wofür ich dankbar sein kann. Ich nehme mir vor, so viele Glücksmomente wie möglich zu sammeln. Und während ich mich zum Gehen bereit mache, fange ich schon mal an, mich für meine Dankbarkeitssammlung »aufzuwärmen«. Ich denke darüber nach, was ich schon jetzt, in diesem Augenblick wertschätzen kann. Und da muss ich gar nicht lange überlegen. Schnell taucht vor meinem inneren Auge eine kleine Liste auf.

Ich bin zutiefst dankbar dafür, dass ich

- *gesund bin,*
- *nette Kolleginnen habe (zumindest einige …),*
- *einem sinnvollen Job nachgehe,*
- *in einem weichen Bett schlafen kann,*
- *einen großartigen Nachbarn habe,*
- *allmählich Fortschritte auf der Gitarre mache,*
- *regelmäßig Kontakt zu meiner wunderbaren*

Tochter habe und mich tief mit ihr verbunden fühle,

- *mich getraut habe, auf Maribelle zuzugehen, und dafür, dass so eine wunderschöne Freundschaft daraus entstanden ist …*

Ich bin mir jetzt schon sicher, dass ich meine Sammlung heute noch enorm erweitern werde. Ich mache mir noch einmal bewusst, dass Glück kein Ziel, sondern ein Weg ist, ziehe mir meine Jacke an, setze die Sonnenbrille auf, öffne die Haustür und entscheide mich dafür, alle schönen Momente ganz bewusst zu genießen.

DAS GEHEIMNIS DER VERBUNDENHEIT

Wahnsinn, denke ich, *nächste Woche steht mir mein erster Auftritt bevor!* Auch wenn es nur ein kleines Fest ist und ich nicht allein, sondern gemeinsam mit Maribelle auftreten werde, kribbelt die Nervosität schon in jeder Zelle meines Körpers. Mein Herz schlägt schneller, wenn ich daran denke, und eine Mischung aus Vorfreude und Angst durchströmt mich. Ich frage mich, wie es wohl sein wird, vor anderen Menschen zu spielen, noch dazu vor welchen, die ich nicht kenne. Aller Augen werden auf mich gerichtet sein. Oh, mein Gott. Ich bin so aufgeregt wie ein junges Mädchen vor der ersten Tanzparty.

Wie ist Maribelle bloß auf diese verrückte Idee gekommen? Sie, die professionelle Gitarristin, und ich, die blutige Anfängerin, im Duett. Na, das kann ja was werden … Als sie mich gestern angerufen hat, meinte sie ganz nebenbei: »Ach, übrigens, Hannah, nächste Woche hast du deinen ersten Auftritt.«

»Was? Wie bitte? Das ist wohl nicht dein Ernst«, habe ich entsetzt geantwortet.

»Doch klar – warum denn nicht? Ich bin auf eine kleine Feier eingeladen worden, wo ich ein paar Stücke spielen soll. Und da dachte ich mir: Das ist doch prima für Hannah. Da kann sie gleich mal zeigen, was sie gelernt hat. Wir spielen das kleine Bach-Menuett zusammen. Das kannst du doch sowieso schon in- und auswendig, stimmt's?«

»A-a-aber«, stotterte ich. »Ich weiß nicht … das geht doch nicht …«

»Ach was, wir sehen uns dann Donnerstagabend und gehen das Stück noch einmal in Ruhe durch«, meinte Maribelle fröhlich. »Mach dir keinen Stress.«

*

Vor dem geplanten Auftritt fahren meine Gefühle Achterbahn. Die ganze Woche über geht es wild zwischen Vorfreude und Selbstzweifeln, zwischen Euphorie und Panik auf und ab. Mit einer Mischung aus Entschlossenheit und Nervosität greife ich jeden Tag zur Gitarre und übe das Stück, das ich mit Maribelle spielen werde. *Das wird schon,* denke ich – jedenfalls in den Momenten, in denen es sich anfühlt, als würde alles nahtlos zusammenfließen. Doch dann gibt es leider auch Augenblicke, in denen ich mir vorkomme wie eine absolute Anfängerin. *Warum wird es nicht besser? Was mache ich nur falsch?,* frage ich mich dann und bin mir sicher, dass ich mich bis auf die Knochen blamieren werde. Wahrscheinlich werden die Leute mich zwar nicht gerade laut auslachen und sogar höflich applaudieren. Doch ihre betretenen Gesichter werden verraten, was sie wirklich denken.

Heute ist Donnerstag. Am Abend werde ich zu Maribelle fahren und hoffe, sie kann mir noch das ein oder andere beibringen. Ich habe mir vorgenommen, den ganzen Nachmittag zu üben. Aber jetzt brauche ich erst mal eine kurze Pause. Ich lege die Gitarre zur Seite, stehe auf, öffne das Fenster und mache ein paar tiefe Atemzüge. Wie Maribelle es mir gezeigt hat, achte ich vor allem darauf, tief und langsam auszuatmen. Schnell komme ich zur Ruhe und kann sogar wieder lächeln. Ich höre auf, meine Gedanken, die wie Affen in meinem Kopf herumspringen, mit immer neuen Horrorvorstellungen zu füttern.

Einigermaßen entspannt setze ich mich in meinen Mini und fahre zu Maribelle, bereit, mich der letzten Lektion vor meinem »großen Auftritt« zu stellen.

Während ich durch die Straßen fahre, beobachte ich das Leben um mich herum. Kinder spielen unbeschwert auf den Gehwegen, Menschen eilen an mir vorbei, jeder in seiner eigenen Welt. Ich denke daran, wie sehr mein Leben sich in den letzten Monaten verändert hat. Meine Begegnungen mit Maribelle waren wie eine Reise der Selbstentdeckung. Eine Reise, bei der ich gelernt habe, durch die Musik zu mir selbst zu finden. Und auch wenn ich weiß, dass ich bisher nur erste Schritte gemacht habe, so habe ich doch schon viel über das Geheimnis der Achtsamkeit erfahren. Ich habe erkannt, wie wertvoll es ist, im Hier und Jetzt zu leben, statt dauernd mit den Gedanken woanders zu sein. Außerdem fällt es mir inzwischen leichter, loszulassen, statt mich an Erinnerungen oder Erwartungen festzuklammern, die mich doch nur unglücklich machen. Die Gewissheit, auf dem richtigen Weg zu sein, fühlt sich richtig gut an. Und ich bin gespannt, wohin dieser Weg mich noch führen wird.

*

Als ich vor Maribelles Tür stehe, halte ich einen Moment lang inne. Meine Hand zittert leicht, als ich nach der Klingelschnur greife. Doch dann atme ich tief durch und ziehe mutig an der Glocke, bereit, mich meinen Ängsten zu stellen und von Maribelle zu lernen, wie ich besser mit meiner Nervosität umgehen kann. Ich balle die Hände zu Fäusten, wie zum Kampf. Ja! Ich bin bereit, mich dieser Herausforderung zu stellen.

Maribelle öffnet lächelnd die Tür. Sie mustert mich von oben bis unten und sieht sofort, was los ist. »Oh, bist du etwa nervös wegen des kleinen Auftritts?«, fragt sie.

Ich nicke. »Allerdings. Maribelle, ich habe wirklich wahnsinnige Angst, mich zu blamieren. Oder dich. Ich weiß ja, dass das eigentlich Quatsch ist, aber ich bekomme die stressigen Bilder einfach nicht aus meinem Kopf. Vor meinem inneren Auge sehe ich, wie die Leute mich auslachen. Ich weiß nicht, ob ich wirklich schon so weit bin ...«

Maribelle hört mir geduldig zu, ihre Augen strahlen tiefes Verständnis aus. Sie ist wie ein Anker in meinem Meer aus Zweifeln. Als ich schließlich verstumme, nimmt sie meine Hand und führt mich ins Wohnzimmer, wo das Notenpult schon bereitsteht. Die Abendsonne fällt sanft durch die Vorhänge, Amadeus liegt entspannt vor dem steinernen Buddha, und der Raum ist erfüllt von einer friedlichen Stille, die meine aufgewühlten Gefühle beruhigt.

»Du solltest ein wenig nachsichtiger mit dir selbst sein«, sagt Maribelle sanft, nachdem sie sich neben mich aufs Sofa gesetzt hat. »Wenn du vor Publikum spielst, geht es um Verbundenheit mit den anderen, aber auch um die Verbundenheit mit dir selbst. Es kommt nicht darauf an, dich ins beste Licht zu rücken und den perfekten Schein zu wahren, sondern darum, dich zu öffnen und auch deine Verletzlichkeit mit anderen zu teilen. Und das gilt nicht nur, wenn du ein Konzert spielst, sondern immer, wenn du anderen begegnest – vor allem wenn es Menschen sind, die dir nahestehen.«

»Du meinst also, es macht nichts, wenn ich mich dumm anstelle?«, frage ich unsicher.

»Sogar eher im Gegenteil«, sagt Maribelle lachend. »Menschen machen Fehler. Und nur wenn die anderen sehen, dass du ebenso wie sie ein Mensch bist, kann daraus echte Nähe entstehen.« Sie schließt kurz die Augen, doch bevor ich sie etwas fragen kann, fährt sie fort. »Zuerst aber musst du dich mit dir selbst verbinden und deine Wurzeln stärken.«

»Meine Wurzeln?«, frage ich irritiert.

»Ja, stell dir einmal vor, du wärst ein starker Baum! Je tiefer deine Wurzeln reichen, desto fester wirst du mit dem Boden verwurzelt sein. Auch wir Menschen haben Wurzeln, die es uns ermöglichen, die Stürme in unserem Leben gut zu überstehen. Und weißt du, welche Wurzeln die stärksten sind?«

»Keine Ahnung.«

»Mitgefühl und Selbstmitgefühl.«

»Selbstmitgefühl?« Ich verziehe mein Gesicht, als hätte ich in eine Zitrone gebissen. »Das klingt irgendwie so … weich und kraftlos. Wenn ich Fehler mache, kann es doch nicht die Lösung sein, dass ich mich selbst bemitleide.«

»Natürlich nicht«, sagt Maribelle. »Selbstmitgefühl ist aber auch kein weinerliches Selbstmitleid oder gar Resignation. Es geht vielmehr darum, zu erkennen, dass du ebenso wie jeder andere Mensch wertvoll bist. Und dass es dein gutes Recht ist, Fehler zu machen, wie jeder andere auch. Selbstmitfühlend zu sein heißt, dass du dir selbst die Erlaubnis gibst, zu lernen, zu wachsen und dich zu entwickeln, ohne dich ständig selbst zu kritisieren oder zu verurteilen.«

Maribelles Worte klingen in mir nach, und langsam

beginne ich zu verstehen. »Also heißt Selbstmitgefühl vor allem, sich selbst so anzunehmen, wie man ist?«, frage ich.

»Genau«, antwortet Maribelle. »Es bedeutet, dir selbst mit derselben Freundlichkeit und Geduld zu begegnen, die du anderen entgegenbringen solltest. Es bedeutet, mit dir selbst, mit deinem Innersten verbunden zu sein und zu erkennen, dass jeder von uns auf seiner eigenen Reise ist. Jeder Schritt, auch ein scheinbarer Fehltritt, ist ein notwendiger Teil dieser Reise.«

Ich fühle, wie sich bei diesen Worten ganz tief in mir etwas löst und entspannt. Wäre es nicht wirklich an der Zeit, mich selbst ein wenig mehr wertzuschätzen und zu akzeptieren, dass Perfektion nicht das Ziel ist? Im Grunde sehne ich mich doch seit jeher danach, so sein zu können, wie ich bin, ohne mich verbiegen zu müssen. Allerdings: Wenn ich zu nachsichtig mit mir selbst bin, wie soll ich mich dann je verbessern? Ich frage Maribelle, ob es nicht doch auch ganz sinnvoll ist, ein wenig streng mit sich zu sein, um Fortschritte machen zu können.

Maribelle lehnt sich zurück und überkreuzt die Beine. Sie wirkt sehr ruhig und zentriert. »Strenge kann zu einem gewissen Grad hilfreich sein, da hast du recht. Die Disziplin, beim Üben zu bleiben und nicht jeden kleinen Widerstand oder jede Laune als Ausrede zu benutzen, braucht manchmal etwas Strenge. Aber es sollte immer eine gütige, freundliche Strenge sein. Denn kalte Strenge wird dich nur blockieren. Sie erzeugt Angst. Und Angst ist der Feind der Kreativität, sie übertönt die Stimme deines Herzens. Wenn dein Herz durch Ketten aus Selbstkritik gefesselt ist, wie kann es dann je frei fließen und sich mit anderen verbinden? Wie kannst du dann je mitfühlend sein?«

Während ich noch über Maribelles Worte nachdenke, erklärt sie mir, dass Mitgefühl ebenso wichtig ist wie Selbstmitgefühl. »Mitgefühl ermöglicht es dir, eine tiefe seelische Verbindung mit anderen aufzunehmen. Und natürlich kann Mitgefühl nicht aus einem engen Herzen kommen. Um die Seele anderer Menschen zu berühren und mit ihnen in Verbindung zu treten, braucht es ein offenes, mitfühlendes Herz – ganz egal, ob in der Musik oder im Leben.«

»Das verstehe ich. Aber was, wenn ich diese Verbindung nun mal nicht spüre? Außer mit Sarah, dir, Paolo und meinen Freundinnen fühle ich mich mit anderen ehrlich gesagt nur selten wirklich verbunden.«

»Das liegt daran, dass du dein Mitgefühl von deinen persönlichen Vorlieben abhängig machst«, sagt Maribelle lachend. »Und das ist auch ganz normal und nur zu menschlich. Doch du kannst dein Mitgefühl auch weiter ausdehnen, wenn du das möchtest. Du kannst dein Herz strahlen lassen und dein Mitgefühl allen Menschen schenken, denen du begegnest, so wie die

Sonne ihre Strahlen unabhängig von persönlichen Vorlieben allen Wesen schenkt. Und gerade wenn du vor Publikum spielst, solltest du das versuchen. Dann wirst du nämlich schnell merken, dass du dir durch diese Einstellung einen Haufen Stress ersparst. Je mehr du zu geben bereit bist, desto mehr Freude und Glück wirst du auch selbst erfahren.«

»Aber kann ich denn Mitgefühl erzeugen, wenn ich es doch nicht spüre?«, frage ich.

»Na ja, vielleicht eher ›entwickeln‹ als ›erzeugen‹. Tatsächlich kannst du die Liebe in deinem Herzen durchaus entwickeln und wachsen lassen.«

»Und wie?«

»Durch Übung«, antwortet Maribelle. »Indem du bewusster handelst und auf eine mitfühlende Art achtsam bist. Ob du mit anderen sprichst, deiner Arbeit nachgehst oder deinen Garten pflegst – nimm dein Herz mit auf die Reise. Berühre die Welt mit deinem Herzen. Begegne anderen freundlich. Deine Aufmerksamkeit ist ein Geschenk, und jedes Geschenk, das mit Liebe und Mitgefühl gegeben wird, wird ein Segen für alle – auch für dich selbst.«

In der Stille, die folgt, fühle ich eine sanfte Wärme in meinem Herzen aufkeimen. Maribelles Worte haben eine Saite in meinem Inneren zum Schwingen gebracht, deren warmer Ton lange weiterklingt. Ich schaue aus dem Fenster, wo die letzten Sonnenstrahlen die Welt in ein weiches, goldenes Licht tauchen. Mir ist, als wäre die Zeit einen Moment lang stehen geblieben, um mir Raum zum Nachdenken zu geben.

»Komm«, sagt Maribelle schließlich und steht auf. »Lass uns ein wenig Musik machen.«

Sie nimmt ihre Gitarre und ich die meine. Wir setzen uns nebeneinander. Ihr sanftes Lächeln ermutigt mich, und wir beginnen, den Anfang des Menuetts zu spielen, das wir für den Auftritt geplant haben. Das Stück gelingt mir besser, als ich gedacht hätte. Während ich mich selbst mehr und mehr vergesse und tief in unser gemeinsames Spiel eintauche, füllt der Klang unserer Gitarren den Raum mit einer sanften Melodie. Nachdem die letzte Note verklungen ist, schaut Maribelle mich mit einem warmen Lächeln an.

»Siehst du, Hannah«, sagt sie sanft, »Musik ist ein Spiegel deiner Seele. Wenn du mit dir selbst verbunden bleibst, dann wird deine Musik auch die Herzen anderer berühren.«

Eine Welle der Dankbarkeit durchströmt mich – Dankbarkeit für die Musik, für Maribelle und für diese neue Sichtweise, die sich mir eröffnet hat.

»Danke, Maribelle«, sage ich, und meine Stimme zittert ein wenig.

»Danke dir lieber selbst, Hannah. Du hast heute viel gelernt. Doch denk daran: Der Weg zur Selbstakzeptanz und zur Verbindung mit anderen ist ein langer

Weg, kein Ziel. Jeder Auftritt, jede Note, die du spielst, bringt dich einen Schritt weiter auf diesem wunderschönen Pfad.«

*

Mit einer innigen Umarmung verabschieden wir uns voneinander. Während ich heimfahre, klingt die Musik noch lange in mir nach. Zu Hause angekommen, lasse ich mich erschöpft aufs Sofa fallen und schließe die Augen. Ich spüre, dass sich irgendetwas verändert hat. Aber was? Plötzlich komme ich drauf. Es ist das Haus. Meine Wohnung, die mir sonst als notdürftiger Zufluchtsort dient, um mich vor der Welt zu verstecken, fühlt sich auf einmal wie ein Startpunkt für eine neue Reise an. Wohin mich diese Reise wohl führen wird? Ich weiß es nicht, und auch das ist in Ordnung. Was immer kommen mag, ich werde mich darauf einlassen und mich vom Strom des Lebens tragen lassen.

Bevor ich ins Bett gehe, schreibe ich noch einmal das Wichtigste von dem, was Maribelle gesagt hat, in meinen Notizblock.

MARIBELLES GEHEIMNISSE

- *Erst wenn du dich selbst mit all deinen Stärken und Schwächen akzeptieren kannst, kannst du auch andere mitfühlend annehmen. Nimm dich selbst in Liebe an.*
- *Die Wurzeln der Verbundenheit liegen in deiner Bereitschaft, dich zu öffnen und auch deine Verletzlichkeit mit anderen zu teilen. Es geht nicht darum, den perfekten Schein zu wahren, sondern darum, offen und authentisch zu sein.*
- *Angst ist der Feind der Kreativität und des Ausdrucks. Wenn dein Herz von Selbstkritik gefesselt ist, kann es nicht mehr frei fließen.*
- *Berühre die Welt mit deinem Herzen. Jedes Geschenk, das du mit Liebe und Mitgefühl gibst, ist ein Segen für alle – auch für dich selbst.*

*

Je näher unser Konzert rückt, desto nervöser werde ich. Doch diese Nervosität ist gar nicht so übel. Sie ist nicht destruktiv, sondern eher eine belebende Aufregung, eine Art prickelnde Erwartung, die durch meine Adern fließt. Zwar bin ich ziemlich angespannt, freue mich aber zugleich auch darauf, zeigen zu können, was ich in den letzten Monaten gelernt habe.

*

Es wird höchste Zeit, zum Konzert aufzubrechen. Ich hole Maribelle ab, und wir fahren gemeinsam zu ihren Freunden. Als wir ankommen, bleibt mir erst mal der Mund offen stehen. Das »Haus« ist eher eine prachtvolle Villa. Ich spüre, wie meine Kehle trocken wird. Mein Gott, das ist wirklich ein besonderes Ambiente!

Wir betreten einen festlichen Saal, ein gigantischer Kronleuchter hängt an der Decke, und großformatige alte Gemälde schmücken die Wände. Hier und da stehen schon Besucher im Raum, flüstern leise miteinander und halten Sektgläser in den Händen.

Ich sehe kurz zu Maribelle. Sie ist völlig entspannt, lächelt die Anwesenden an und winkt jemandem hinten im Saal zu. Die Gäste – eine bunte Mischung – wirken zum Glück alle recht freundlich.

Ich stelle meinen Gitarrenkoffer an eine Säule. Nachdem ich eine Weile unschlüssig herumgestanden habe, kommt ein junges Paar mit einer kleinen Tochter auf mich zu. Schnell kommen wir ins Gespräch, und schon bald gesellen sich noch andere zu uns. Ich fange an, mich zu entspannen, und fühle mich immer wohler in dieser interessanten Gesellschaft.

Als ich mich umsehe, entdecke ich einen Mann, der allein am Fenster steht und in den Garten schaut. Er ist groß und schlank und eher salopp gekleidet. Ich beobachte ihn eine Weile und finde, dass er etwas Besonderes ausstrahlt.

Auf einmal dreht er sich zu mir um, und unsere Blicke begegnen sich. Rasch schaue ich wieder weg.

Doch ehe ich michs versehe, kommt der Mann auf mich zu. Er lächelt mich breit an, und beginnt ein Gespräch.

»Sind Sie eine Freundin der Familie?«, will er wissen. »Ich glaube, wir sind uns hier noch nie begegnet.«

»Ich bin zum ersten Mal hier. Und ehrlich gesagt kenne ich fast niemanden. Ich bin nur hier, um ein bisschen Gitarre zu spielen«, antworte ich.

»Ah, darum die Notenständer.« Er blickt in die Mitte des Raums, wo eine kleine Bühne aufgebaut ist. »Dann darf ich mich also auf ein schönes Konzert freuen?«

»Na ja, ob es ein ›schönes‹ Konzert wird, sei noch dahingestellt«, sage ich und grinse. »Aber zu Ihrem Glück werde ich nicht allein, sondern gemeinsam mit meiner Gitarrenlehrerin spielen.«

»Mit Ihrer Gitarrenlehrerin?« Er schaut mich neugierig an.

»Ja, mit Maribelle Dos Santos«, sage ich.

»Maribelle? Das ist ja großartig! Ich habe sie noch gar nicht entdeckt.«

»Sie kennen sie?«

»Oh ja, wir sind sehr gut befreundet«, sagt er, und sein Lachen lässt mein Inneres aufblühen.

»Wir können uns übrigens gerne duzen, wenn Ihnen das recht ist«, sagt er und sieht mich unsicher an.

»Ja, sehr gerne! Ich bin Hannah.«

»Und ich heiße Frederic«, antwortet er mit einem freundlichen Lächeln.

Frederic? Ob das *der* Frederic ist, den Maribelle einmal erwähnt hat? Sehr wahrscheinlich, denn so häufig ist der Name ja nicht gerade.

»Ich glaube, Maribelle hat mir bereits von dir erzählt. Du bist auch Musiker, oder?«, frage ich.

Frederic zuckt verlegen mit den Schultern, und es entsteht eine kurze Pause.

»Ich hatte schon oft die Ehre, mit Maribelle auftreten zu dürfen. Sie ist wirklich eine fantastische Musikerin. Kein Vergleich zu mir«, sagt er lachend. »Ich spiele zwar ganz anständig Kontrabass und habe sogar mal zwei Semester Musik studiert. Aber dann habe ich mich doch für Medizin entschieden.«

Dann will er wissen, was ich so mache, und ich erzähle ihm kurz von meiner Arbeit im Verlag und sehr viel länger von meinen Gitarrenstunden.

»Das klingt ja wunderbar«, sagt Frederic. »Mit Maribelle zu spielen, ist immer etwas ganz Besonderes. Lass dich einfach von ihr und der Musik tragen – dann kann nichts schiefgehen. Ich bin sicher, du wirst großartig sein. Und die Gäste freuen sich garantiert über das Konzert. Ohne Musik fehlt bei Festen ja immer irgendwie etwas.«

Frederics Worte machen mir Mut. Meine anfängliche Nervosität lässt langsam nach und macht einer immer größeren Vorfreude Platz.

Als Maribelle angesagt wird, verabschiede ich mich von Frederic.

»Ich wünsche dir viel Erfolg«, sagt er herzlich.

Ich hole meine Gitarre und gehe zur Bühne. Mein Herz klopft vor Aufregung, aber auch vor Begeisterung. *Meine Güte*, denke ich, *in den könnte ich mich Hals über Kopf verlieben!* Und ich habe das Gefühl, dass die Anziehung nicht einseitig ist. Frederics ermutigende Worte begleiten mich, als wir die ersten Töne des Menuetts spielen. Ich spüre Maribelle an meiner Seite, spüre die Wärme der Scheinwerfer im Gesicht, konzentriere mich ganz auf das Stück und vergesse dabei, dass ich auf der Bühne sitze. Die Töne scheinen wie von selbst aus meiner Gitarre zu fließen, und es fühlt sich an, als würde ich auf Wolken tanzen. Die Musik fließt durch mich hindurch – sie wird zu einem Teil von mir und ich ein Teil von ihr. Ich spüre, wie die Gesichter der Zuhörer auf uns gerichtet sind, und fühle mich wie über eine unsichtbare Brücke aus Klängen mit ihnen verbunden.

Langsam beginne ich zu verstehen, was Verbundenheit wirklich bedeutet. Es geht nicht so sehr darum, mit anderen Menschen zusammen zu sein, sondern darum, etwas Wesentliches miteinander zu teilen – Gefühle und Erfahrungen miteinander zu teilen. In diesem Moment fühle ich mich vollständig, so als hätte ich endlich ein fehlendes Teil eines großen Puzzles gefunden. Ich bin unendlich dankbar. Während ich spiele, schließe ich für einen Moment die Augen und lasse mich vollständig von der Musik tragen.

Nachdem der letzte Ton verklungen ist, herrscht vollkommene Stille im Saal. Ich öffne die Augen und blicke in ein Meer von lächelnden Gesichtern. Der Applaus, der folgt, ist überwältigend. Beim Verbeugen legt Maribelle ihre Hand auf meine Schulter, ein stolzes Lächeln auf ihren Lippen. »Du hast wunderbar gespielt«, flüstert sie, und ich verlasse die Bühne mit einer Mischung aus Stolz und Erleichterung.

Während Maribelle ihr Soloprogramm spielt, schleiche ich mich am Publikum vorbei zum hinteren Teil des Saals. An der Säule, wo mein Gitarrenkoffer steht, entdecke ich Frederic. Er strahlt mich an, und irgendwie habe ich das Gefühl, dass er ebenso erleichtert ist wie ich.

»Du hast wunderschön gespielt, Hannah. Eigentlich wollte ich heute ja gar nicht auf dieses Fest kommen, aber nun bin ich froh, dich kennengelernt zu haben.« Frederic zwinkert mir zu.

Als er mir hilft, die Gitarre in den Koffer zu packen, berühren sich unsere Schultern. Obwohl die Berührung nur flüchtig ist, durchzuckt es mich. Ein wohliger Schauer läuft mir über den Rücken. Wir stellen die Gitarre ab und setzen uns leise in die hinterste Stuhlreihe. Gemeinsam lauschen wir dem Rest des Konzerts.

Nach ihrem Auftritt gesellt sich Maribelle zu uns. Sie lobt mich für mein Spiel. »Dein erster Auftritt, Hannah! Ich habe gespürt, dass du wirklich mit deinem Herzen und nicht nur mit deinen Fingern gespielt hast. Du hast mich sehr stolz darauf gemacht, deine Lehrerin sein zu dürfen.«

Ihre Worte sind Balsam für mein Selbstbewusstsein, und ich grinse übers ganze Gesicht.

Dann umarmt sie Frederic herzlich. »Ich wusste gar nicht, dass du auch hier bist.«

Während Maribelle weitere Gäste begrüßt, gehen Frederic und ich auf den Balkon und unterhalten uns so angeregt, dass wir am Ende sogar unsere Telefonnummern austauschen. Wie lange ist es wohl her, dass ich jemanden so sympathisch fand, dass ich das getan habe?

*

Die Tage nach dem Konzert sind wie ein frischer Start in einen neuen Lebensabschnitt. Ich erinnere mich daran, wie Maribelle mich dazu ermuntert hat, jeden Tag eine große Portion Freude in mein Leben einzuladen und besser auf mich und andere zu achten.

»Ich überlasse mein Glück nicht dem Zufall«, hat Maribelle einmal zu mir gesagt. Und das werde ich auch nicht länger tun. Maribelle hat mir einige Möglichkeiten gezeigt, wie ich mein Leben bewusster leben und gestalten kann. Weniger zu jammern und stattdessen dankbarer zu sein, mehr im Augenblick als im Früher oder im Nachher zu leben und dem Leben mehr zu vertrauen, statt alles im Griff haben zu wollen – genau das ist es, was ich brauche, um mich glücklicher und leichter fühlen zu können.

*

Wenige Tage nach unserem kleinen Konzert besuche ich Maribelle. Die Sonne taucht den Raum in ein sanftes, warmes Licht. Sie fragt mich, ob es mir etwas ausmacht, ausnahmsweise auf dem Boden zu sitzen. Nachdem Amadeus heute Morgen eine Maus auf dem Sofa verspeist hat, hat sie die Polster mit Reinigungsschaum eingeweicht. Und so machen wir es uns auf dem Boden bequem, auf den Maribelle jede Menge Kissen und eine weiche Decke gelegt hat. Sie sitzt mir gegenüber, ihre Augen sind geschlossen, und ich spüre die Ruhe, die sie umgibt. Sie öffnet ihre Augen, und ihr Blick trifft meinen.

»Unser Auftritt war wirklich wundervoll, Hannah. Ich hatte mit einigem gerechnet, aber offen gestanden nicht damit, dass du so souverän spielen würdest. Immerhin hast du ja keine Erfahrung, was Konzerte betrifft.« Sie lächelt mich liebevoll an und fährt fort. »Ich glaube, dass du inzwischen gelernt hast, tiefer in das Leben einzutauchen und die Schönheit des Augenblicks zu erfassen.«

»Ja«, sage ich nickend. »Das glaube ich auch. Ich probiere es auch immer öfter. Aber leider gelingt es mir nur selten. Jeder Augenblick ist ja so schnell vorbei … Wenn ich ihn doch nur festhalten könnte!«

Maribelle lacht leise. »Den Moment festhalten – vielleicht liegt genau darin das Problem. Hannah, du musst nichts festhalten. Nur umarmen. Dein Herz will das Leben immer umarmen. Es ist der Verstand, der festhält.«

Sie schaut auf den schlafenden Amadeus und scheint über etwas nachzudenken. Schließlich sagt sie: »An sich ist der Verstand ja gar nichts Schlechtes, Hannah. Ich glaube nicht, dass dein Verstand das Problem ist. Das, was dich aus der Gegenwärtigkeit herauszieht, ist etwas, das tiefer liegt. Du verlässt die Gegenwärtigkeit – und dann versucht dein Verstand, die Lücke zu füllen.« Sie lächelt. »Ja, ich weiß, das ist schwer zu verstehen. Aber du solltest wissen, dass du eigentlich gar nichts verstehen musst. Sei einfach da – das genügt vollkommen.«

»Aber wie?«, frage ich, und der Zweifel in meiner Stimme ist unüberhörbar.

»Indem du jedem Moment deine volle Aufmerksamkeit schenkst«, erklärt Maribelle. »Schau mal, wenn du zum Beispiel Gitarre spielst und wirklich mit deinem Herzen dabei bist, befindest du dich im Hier und Jetzt. Du fühlst jede Saite, hörst jeden Ton und erlebst die Musik, nicht nur mit deinen Ohren, sondern mit deinem ganzen Wesen. Erinnere dich an unser kleines Konzert. Da warst du voll und ganz dabei.«

Ich denke darüber nach und lasse ihre Worte sinken. »Es ist wie ein Tanz«, sage ich leise, »ein Tanz mit dem gegenwärtigen Moment.«

Maribelle lächelt. »Genau. Und wie bei einem Tanz ist es eine Einladung, sich zu bewegen, zu fließen und sich mit dem Rhythmus des Lebens zu verbinden.«

»Aber was ist mit den Sorgen und Ängsten?«, frage ich. »Sie scheinen immer einen Weg zu finden, mich aus dem Jetzt herauszuziehen.«

»Vergiss nie, dass Achtsamkeit ein Übungsweg ist.« Maribelle wirkt auf einmal ernst. »Es genügt nicht, dich ab und zu mit deinem Atem zu verbinden und deinen Fokus auf die Gegenwart zu richten, um einige entspannende Momente zu erleben. Wenn du eine wirkliche Transformation erleben möchtest – wenn du dauerhaftes Glück und Erfüllung suchst, dann müssen

Achtsamkeit und Gegenwärtigkeit zu einem Teil deines Wesens werden. Und dazu braucht es ständige Übung.«

Maribelle erklärt mir, dass ich unterschiedliche Kräfte kultivieren kann, um unterschiedlichen Problemen entgegenzuwirken. »Benutze deine Praxis wie eine Medizin«, sagt sie. »Pflege innere Ruhe, wenn du aufgeregt bist oder Sorgen hast. Und wenn du müde und erschöpft bist, solltest du deine Achtsamkeit und Bewusstheit entwickeln. Wenn du dich hingegen ärgerst und wütend wirst – egal, ob auf andere oder auf dich selbst –, dann ist das genau der richtige Moment, um Akzeptanz und Mitgefühl zu üben.«

Ich atme tief durch. Maribelles Worte sind wie Samen, die in den fruchtbaren Boden meines Bewusstseins gepflanzt wurden und allmählich schöne Blüten hervorbringen. Ich habe das Gefühl, wirklich Fortschritte zu machen und mich weiterzuentwickeln.

»Musik«, fügt Maribelle hinzu, »ist eine wunderbare Übung, um Gegenwärtigkeit zu kultivieren. Jeder Ton, jede Pause, jede Bewegung ist eine Einladung, im Jetzt zu sein.«

Ich sitze bequem auf dem weichen Teppich, umgeben von einem Meer aus bunten Kissen, während Maribelle zwei Gitarren und ein Notenblatt holt, das sie zwischen uns auf den Boden legt. Amadeus ist aufgewacht. Er gesellt sich zu uns und breitet sich auf einem der besonders großen Kissen aus. Maribelle und ich versuchen uns an einem neuen Stück. Natürlich geht einiges schief.

Eigentlich spiele ich sogar mehr falsche als richtige Töne, doch ich sehe es entspannt und mache einfach weiter. Unwillkürlich muss ich lächeln.

Bevor wir an das Ende der Gavotte kommen, hält Maribelle kurz inne. »Jedes Ende eines Stückes sollte ein bewusster Abschluss sein«, sagt sie. Als wir zum Schluss kommen, lässt sie den letzten Ton ausklingen. »Begegne jedem Ende achtsam und bewusst. Ehre es, denn es ist der Beginn von etwas Neuem.«

Ich kenne Maribelle inzwischen gut genug, um zu wissen, dass das, was sie sagt, nicht nur die Musik betrifft.

*

Die Nachricht von Sarahs Besuch erreicht mich an einem sonnigen Dienstagmorgen. Ich sitze gerade in meinem kleinen, gemütlichen Arbeitszimmer am Laptop und redigiere ein Manuskript, als mein Handy vibriert. Ein Blick auf den Bildschirm, und ich sehe Sarahs Namen. Mein Herz macht einen kleinen Hüpfer, bevor ich die Nachricht öffne.

»Überraschung, Mama! Ich komme nach Hause! Flug gebucht, lande am Samstag um 14:30 Uhr. Ich kann es kaum erwarten, dich zu sehen!« Die Worte tanzen vor meinen Augen, und ein Lächeln breitet sich auf meinem Gesicht aus. Zwei Jahre sind eine lange Zeit, und die Vorfreude, meine Tochter wiederzusehen, erfüllt mich mit einer warmen, prickelnden Aufregung.

Ich halte es am Schreibtisch nicht mehr aus. Ich klappe den Laptop zu, schlüpfe in meine Sneakers und werde einen Spaziergang machen. *Ohne kreative Pausen kommt beim Homeoffice ohnehin nichts Vernünftiges raus,* denke ich, atme tief durch und trete in die Sonne.

*

Am Tag von Sarahs Ankunft fahre ich früh zum Flughafen, um sicherzugehen, dass ich rechtzeitig da bin. Am Airport herrscht die übliche Geschäftigkeit. Menschen eilen vorbei, rollen schwere Koffer hinter sich her, Ankündigungen hallen durch die Lautsprecher. Ich stehe da, meine Augen suchen ungeduldig die Ankunftstafel ab, bis ich endlich den Flug aus Sydney als »gelandet« markiert sehe. Mein Herz beginnt schneller zu schlagen.

Ich stehe am Ausgang, wo Familien und Freunde auf ihre Liebsten warten. Kinder rennen herum, ein junges Paar hält sich fest umschlungen. Dann sehe ich sie. Sarah schiebt ihren Koffer durch die Menge. Sie strahlt übers ganze Gesicht. Als sie mich entdeckt, leuchten ihre Augen auf und sie beschleunigt ihre Schritte.

»Mama!«, ruft sie, lässt den Koffer stehen und wirft sich in meine Arme. Ich halte sie fest, spüre ihre Wärme, atme ihren vertrauten Duft. Tränen der Freude und Erleichterung steigen in meinen Augen auf.

»Ich habe dich so vermisst«, sage ich mit zitternder Stimme.

»Ich dich auch, Mama«, erwidert sie und tritt einen Schritt zurück, um mich anzusehen. Ihre Augen, die meinen so ähnlich sind, mustern mein Gesicht liebevoll.

Auf der Fahrt nach Hause reden wir ununterbrochen. Sarah erzählt von ihrem Leben in Australien, von den Stränden, den Menschen, ihrer Arbeit mit den Walen. Sie spricht von den Herausforderungen und den kleinen Freuden des Alltags. Ich höre zu, stelle Fragen, lache über ihre Anekdoten. Es ist ein einfaches, herzliches Gespräch, das die Jahre der Entfernung überbrückt.

»Weißt du, Mama, ich habe in Australien so viel gelernt«, sagt Sarah, während wir durch die vertrauten Straßen unserer Stadt fahren. »Über mich selbst, über das Leben. Es ist verrückt, wie sehr man wachsen kann, wenn man erst einmal aus seiner Komfortzone herauskommt.«

Ich nicke, berührt von ihrer Reife und Weisheit. »Das stimmt, Sarah. Das Leben ist ein ständiger Lernprozess«, sage ich. »Manchmal müssen wir uns selbst fremd werden, um uns zu finden. Und manchmal brauchen wir etwas Abstand zu anderen, um ihnen letztendlich richtig nahezukommen.« *Aber am wichtigsten ist doch immer der gegenwärtige Moment. Er ist schließlich der einzige, der wirklich da ist*, denke ich und werfe einen stolzen Blick auf meine wunderbare Tochter.

Wir kommen zu Hause an. Sarah lächelt und greift nach meiner Hand. »Ich bin so froh, wieder hier zu sein, Mama.« Sie tritt einen Schritt zurück und mustert mich lächelnd. »Du hast dich irgendwie verändert. Du wirkst so gelassen und glücklich.«

Diese Worte erfüllen mich mit einer tiefen Zufriedenheit. Die Achtsamkeit und die Musik, die Maribelle mir beigebracht hat, haben nicht nur mein Leben bereichert, sondern auch die Art und Weise, wie ich anderen Menschen begegne. Ich spüre, dass Sarahs Besuch nicht nur ein freudiges Wiedersehen ist, sondern auch der Beginn eines neuen Kapitels unserer Beziehung – eines, das von Verständnis, Akzeptanz und tiefer Verbundenheit getragen ist.

Seit ihrem Auszug hat sich hier nicht allzu viel verändert. Ich führe sie durch die Wohnung und zeige ihr die kleine Musik-Ecke, die ich eingerichtet habe. Sie ist beeindruckt, und ihre Augen leuchten auf, als ich meine Gitarre in die Hand nehme.

»Soll ich dir etwas vorspielen?«, frage ich.

»Klar, sehr gern«, antwortet sie und setzt sich aufs Sofa.

Ich atme tief ein, schließe die Augen und beginne zu spielen. Die Töne fließen sanft durch den Raum. Als ich die letzte Note spiele und meine Augen öffne, sehe ich Tränen über Sarahs Wangen rollen.

»Das war wunderschön, Mama«, sagt sie, ihre Stimme zittert leicht.

»Danke, Liebling«, sage ich. »Ich bin so froh, dass du da bist!«

Sie nickt und nimmt meine Hand. »Ich auch, Mama. Ich auch.«

Die nächsten Tage verbringen wir damit, zu lachen, herumzualbern und philosophische Gespräche zu führen. Bis spät in die Nacht sitzen wir zusammen und quatschen. Von den Spannungen der Vergangenheit ist nichts mehr zu spüren. Es entsteht ein neuer Raum um uns – ein Raum, in dem wir einander zuhören, uns verstehen und den anderen, so wie er ist, akzeptieren können.

DIE MELODIE DES NEUBEGINNS

Als ich mich heute Nachmittag auf den Weg zu Maribelle mache, fühle ich mich auf eine seltsame Weise bedrückt. Ein unheilvolles Gefühl liegt in der Luft – eine dunkle Vorahnung, die ich nicht in Worte fassen kann.

Ich erreiche Maribelles Haus. Schon von Weitem sehe ich sie in der Tür stehen. Ihr Gesicht, das sonst so viel Wärme und Lebensfreude ausstrahlt, sieht nachdenklich und traurig aus. Ihre sonst so funkelnden Augen wirken melancholisch, und ich spüre gleich, dass etwas nicht stimmt.

»Hannah, komm rein«, sagt Maribelle leise, und ihre Stimme bricht. Ich trete in den Flur und lege den Mantel ab. Die Spannung in der Luft ist fast greifbar, und ich wage kaum zu atmen.

Nachdem sie mich ins Wohnzimmer geführt hat, sagt Maribelle sanft: »Setz dich, meine Liebe.« Sie deutet auf den gemütlichen Sessel neben dem Kamin. Ihre Augen sind gerötet, und ich frage mich, was um alles in der Welt passiert sein mag, während ich mich mit klopfendem Herzen hinsetze. Maribelle nimmt gegenüber von mir auf einem Stuhl Platz. Ihre Hände ruhen gefaltet in ihrem Schoß. Sie schließt kurz die Augen und atmet tief durch, bevor sie zu sprechen beginnt.

»Hannah«, sagt sie mit zögerlicher Stimme, »letzte Nacht habe ich einen Anruf aus Argentinien erhalten, und es gibt leider sehr traurige Nachrichten.« Maribelle macht eine kurze Pause, als würde sie nach den richtigen Worten suchen. »Meine Schwester Maria ist gestorben. Sie war schon seit Langem sehr krank. In der letzten Zeit sah es jedoch so aus, als würde es ihr besser gehen. Die Nachricht von ihrem Tod hat mich kalt erwischt und sehr mitgenommen.«

Ich spüre, wie sich mein Herz zusammenzieht. Es ist das zweite Mal, dass Maribelle von einem schweren Schicksalsschlag getroffen wird. »Oh, Gott, Maribelle, das tut mir so leid«, flüstere ich.

Sie nickt und schaut mich liebevoll an. »Danke, Hannah. Es tut gut, eine liebe Freundin bei sich zu wissen, wenn schlimme Dinge geschehen. Es ist eine schwierige Zeit, und ich denke, dass sich bei mir einiges verändern wird.« Maribelle sieht mich traurig an. »Ich fürchte, dass ich eine ganze Weile weg sein werde. Ich muss nach Argentinien reisen, um mich um die Beerdigung zu kümmern. Und es gibt noch einige andere Angelegenheiten, die ich dort regeln, und Entscheidungen, die ich treffen muss.«

»Aber ... wie lange wirst du weg sein?«, frage ich, und meine Stimme zittert.

Maribelle sieht mich direkt an, ihre Augen sind voller Wärme, aber sie wirkt auch sehr entschlossen. »Ich weiß es leider nicht, Hannah. Es könnte eine lange Zeit sein.

Im Moment kann ich noch nicht einmal sagen, ob ich überhaupt zurückkommen werde.«

Ihre Worte treffen mich wie ein Schlag. »Heißt das, dass du ganz in Argentinien bleiben willst? Aber was wird dann aus deinem Häuschen? Und deinen Freunden? Du hast dich hier doch sehr wohlgefühlt, oder nicht?«

»Oh ja, Hannah. Vielleicht habe ich hier sogar die glücklichste Zeit meines Lebens verbracht. Aber manchmal sendet das Leben Botschaften, denen wir folgen müssen.« Maribelle sieht sich wehmütig im Raum um, als würde sie innerlich bereits Abschied nehmen. »Ich habe es dir, glaube ich, nie erzählt, aber vor ein paar Monaten habe ich ein Angebot bekommen, in Buenos Aires am Konservatorium eine neue Gitarrenklasse aufzubauen. Und es könnte sogar eine Professur daraus werden.«

Ich schlucke schwer. Natürlich verstehe ich, wie reizvoll das Angebot für Maribelle sein muss, doch im Moment kann ich nur an mich denken. »Aber … was ist mit unseren Stunden? Mit der Musik? Mit allem, was du mir beigebracht hast?«

Maribelle nimmt meine Hand. »Hannah, denk daran, was ich dir immer gesagt habe. Weder die Musik noch die Weisheit sind an irgendeinen Ort oder irgendeine Person gebunden. Sie leben tief in dir. Du hast schon so viel gelernt, so viel in dir selbst entdeckt. Und letztlich liegt alles, wirklich alles, was du wissen musst, um deinen Weg zu finden und frei zu werden, ganz allein in dir selbst.«

»Aber ich brauche dich doch«, sage ich und muss die Tränen unterdrücken.

»Du wirst immer einen Teil von mir bei dir tragen, in deinem Herzen und in deiner Musik«, sagt Maribelle sanft. »Und denke daran, dass jede Begegnung, jede Lektion, ein Teil deiner Reise ist. Ich war nur eine Etappe. Deine Reise geht weiter, ganz gleich, ob mit mir oder ohne mich.«

Ihre Worte hallen in mir nach, und obwohl ein Teil von mir sich mit aller Kraft dagegen sträubt, spüre ich doch auch eine tiefe Wahrheit in ihnen. Maribelle hat mir so viel mehr beigebracht, als nur Gitarre zu spielen und die Schönheit der Musik wiederzuentdecken. Sie hat mir gezeigt, wie ich in meinem eigenen Herzen die Melodie des Lebens finde und wie ich sie zum Klingen bringe. Und jetzt ist es an mir, diese Melodie weiterzutragen, auch wenn der Weg, der vor mir liegt, ungewiss ist.

Ich spüre, wie mein Herz sich zusammenzieht. Doch dann erinnere ich mich an Maribelles Lektionen. Daran, wie wichtig es ist, im Jetzt zu bleiben und den Dingen, die ich ohnehin nicht kontrollieren kann, ihren Lauf zu lassen.

Maribelle hat einmal gesagt, dass in jedem Moment eine Wahl liegt und dass jeder von uns wählen kann, auf was er seine Aufmerksamkeit richten will. Und so bitter der Verlust auch ist – ich weiß, dass wir miteinander verbunden sind und es auch bleiben werden, sogar dann, wenn sie am anderen Ende der Welt leben sollte. Darauf will ich meinen Blick richten.

»Nicht alle Stürme kommen, um Leben zu zerstören. Einige kommen, um den Weg frei zu machen«, sagt Maribelle.

»Ich verstehe«, antworte ich. Meine Stimme ist ruhig, und ich finde langsam zu der Gelassenheit, die ich durch die Praxis der Achtsamkeit gewonnen habe. »Du hast mein Leben auf eine Weise berührt, die ich nie für möglich gehalten hätte, Maribelle.« Ich zögere ein wenig, bevor ich fortfahre. »Aber es fällt mir sehr schwer, loszulassen. Du bist mir eine liebe Freundin geworden, und ich weiß jetzt schon, dass ich dich sehr vermissen werde.«

Maribelle strahlt, ihr Gesicht ist voller Mitgefühl. »Ich werde dich auch sehr vermissen. Du bist eine wunderbare Frau, Hannah. Das warst du schon immer. Aber in den letzten Monaten bis du gewachsen und mehr und mehr zu der geworden, die du wirklich bist. Dabei hat deine Reise eigentlich gerade erst begonnen. Und wer weiß, wohin diese Reise dich noch führen wird. Vielleicht ja eines Tages nach Argentinien zu einem Gitarren-Workshop ...« Maribelle lächelt mich geheimnisvoll an.

Ich versuche ebenfalls zu lächeln, auch wenn es mir

schwerfällt. »Ja, wer weiß. Aber es kommt alles so überraschend.«

»Ja, Hannah, das Leben hält oft Überraschungen bereit. Bei manchen fällt es uns ungeheuer schwer, sie anzunehmen. So geht es mir mit dem Tod meiner Schwester. Wir standen uns sehr nahe. Du hast mich oft an sie erinnert. Ihr seid auch ungefähr gleich alt.« Sie atmet tief durch, und ich spüre ihren Schmerz. Dass ihre Schwester in meinem Alter war, jagt mir einen Schrecken ein. Mir wird bewusst, wie kurz das Leben ist und dass wir nie wissen können, wie viel Zeit uns noch bleibt. Einerseits ist das beunruhigend, doch andererseits erinnert es mich daran, wie wichtig es ist, sein Leben mit ganzem Herzen zu leben.

»Die stärksten Bäume wachsen in stürmischen Zeiten«, sagt Maribelle. »Es ist wichtig, die Widerstände gegen das, was wir nicht ändern können, loszulassen. Es ist furchtbar traurig, dass ich Maria nie wiedersehen werde. Aber diese Traurigkeit ist ein Teil von mir – eine mächtige, düstere Welle, die über mich hereinbricht, die sich aber wie jede Welle irgendwann wieder glätten wird, wenn die Zeit gekommen ist.«

Wir sitzen auf dem Sofa, und Maribelle erzählt von ihrer Familie und von ihrer Kindheit mit ihrer Schwester. Sie erinnert sich lebhaft daran, wie sie mit Maria die Sommerferien auf dem Bauernhof der Großeltern verbracht hat, wie sie vor der Hitze gemeinsam in die umliegenden Wälder geflüchtet und barfuß durch den kalten Bach gewatet sind.

Dann schweigen wir lange, und als ich spüre, dass Maribelle jetzt Zeit für sich braucht, beschließe ich, zu gehen. Der Abschied fällt uns beiden schwer. Wir umarmen uns so lange, als wollten wir uns gar nicht mehr loslassen. Als wir uns schließlich voneinander lösen, sehe ich, dass Tränen in Maribelles Augen glitzern.

»Eine Frage noch, Hannah«, sagt sie. »Kennst du zufällig jemanden, der einen alten Kater bei sich aufnehmen kann?« Ihr Blick wandert zu Amadeus, der ausgestreckt auf dem Sofa schlummert.

»Allerdings«, antworte ich und grinse über das ganze Gesicht. »Mich!«

Schon oft hatte ich darüber nachgedacht, mir eine Katze ins Haus zu holen. Als Kind wollte Sarah immer eine haben, aber Dennis war dagegen. Diesmal werde ich mir die Chance nicht entgehen lassen, und Amadeus ist mir als Passagier auf meiner neuen Reise überaus willkommen. »Manchmal sendet das Leben Botschaften, denen wir folgen sollten«, hat Maribelle gesagt, und in diesem Fall fällt mir das sehr leicht.

»Ich werde dich immer in meinem Herzen tragen, Maribelle«, flüstere ich, als wir uns verabschieden.

»Und ich dich, meine liebe Hannah«, erwidert sie und küsst mich sanft auf die Stirn. »Die Gitarre bewahrst du für mich auf, ja?«

Oje, wie selbstsüchtig ich doch bin. Daran hatte ich gar nicht gedacht. Aber wenn ich die Gitarre für sie »aufbewahre«, heißt das ja, dass wir uns wiedersehen werden. Und wie immer spürt Maribelle, was ich denke. »Hannah, du hast dich mit dieser Gitarre befreundet. Ich glaube, sie will noch eine Weile bei dir bleiben. Und ich bin ganz sicher, dass wir uns wiedersehen werden.«

Mit einem letzten Blick auf die alte Hütte, die ich so ins Herz geschlossen habe, drehe ich mich um. Dann gehe ich den Pfad entlang, den Kopf hochgehalten, mein Herz voller Dankbarkeit und meine Seele von der Melodie der Hoffnung und des Neubeginns erfüllt.

*

Zu Hause angekommen, setze ich mich mit meiner Gitarre ans Fenster. Die ersten Töne klingen durchs Haus. Ich schließe die Augen und lasse die Musik durch meine Seele fließen, fühle, wie jede Note die Räume meines Herzens ausfüllt. Es ist noch gar nicht lange her, da waren sie leer und ängstlich. Aber jetzt sind sie voller Liebe und einer unerschütterlichen Hoffnung auf das, was vor mir liegt.

Mit einem friedlichen Lächeln öffne ich meine Augen und schaue hinaus in den Garten. Ich spüre, wie die Traurigkeit sich schwer auf mein Herz gelegt hat. Ich

muss daran denken, was Maribelle gesagt hat. Dass es wichtig ist, sich auch schwierigen Gefühlen achtsam zuzuwenden und sie vollkommen zu akzeptieren. Es ist nicht schlimm, traurig zu sein. Es gibt keinen Grund, davor wegzulaufen. Ich lasse die Traurigkeit durch mich hindurchfließen – ich werde sie weder festhalten noch mich in meine Trauer hineinsteigern.

Ich stehe auf, gehe in die Küche, schenke mir ein Glas Apfelsaft ein und schaue aus dem Fenster. Auf der Straße geht eine alte Frau mit ihrem Hund spazieren. Ich denke an die vielen Dinge, die mein Leben reich und glücklich machen. Da ist Sarah, meine liebe, großartige Tochter. Da ist die Freude über die neue Hannah, die bereit ist, ihr Leben ganz zu leben, zu wachsen und ihre innere Reise fortzusetzen. Und nicht zuletzt ist da auch Amadeus – mein neuer Mitbewohner, der mitsamt dem steinernen Buddha, den Maribelle mir überlassen will, schon sehr bald bei mir einziehen wird.

*

Der Abend bricht herein, und ich stehe auf einem Hügel im Stadtpark. Die Sonne geht über den Dächern der Stadt unter, und ich betrachte das verglühende Abendlicht.

Die Welt ist voller Musik, für die, die bereit sind, zuzuhören. Und mein Herz ist jetzt offen, bereit, die

Melodien des Lebens zu empfangen und zu teilen. Ich habe das Gefühl, ganz bei mir selbst angekommen zu sein.

Auf einmal ist es sehr still und sehr friedlich. Ich fühle eine tiefe Ruhe in mir und bin unendlich dankbar für alles, was ich bei Maribelle gelernt habe.

Ich spüre, dass in jedem Ende die Schönheit des Neubeginns bereits mitschwingt. Und ich erkenne, dass meine Reise nach innen wahrscheinlich nie enden wird. Aber eigentlich ist das eine schöne Erkenntnis, denn ich weiß, dass das Glück nicht im Ziel, sondern im Weg selbst liegt.

ILONA DAIKER

Der Tempel in den Bergen und das Geheimnis der Selbstliebe

Wie ich lernte, dass ich gut genug bin

Das Glück ist in dir – mach dich bereit!

Lisa wird überraschend gekündigt. Von einem Tag auf den anderen ist nichts mehr so, wie es war. In ihrem Kopf kreist immerfort die Frage: »Was kann und will ich jetzt aus meinem Leben machen?« Sie reist nach Sri Lanka, um dort an einem Meditationsretreat teilzunehmen. Ihr Hineinhorchen in sich selbst wird zu einer spannenden Entdeckungsreise. Lisa erkennt, dass sie nichts Besonderes leisten muss, um etwas wert zu sein. Die befreiende Einsicht, dass sie gut genug ist, genau so, wie sie ist, öffnet ihr die Tür in ein neues Leben.

KNAUR.LEBEN

TOSHIKAZU KAWAGUCHI

Bevor der Kaffee kalt wird

Wie wäre es, wenn du in die Vergangenheit reisen könntest? *Bevor der Kaffee kalt wird* erzählt von einem magischen Stuhl in einem sehr besonderen Café in Tokio. Wer sich auf diesen Stuhl setzt, darf in die Vergangenheit zurückreisen, aber nur solange, bis »der Kaffee kalt wird«. Das Café trägt den Namen Funiculi Funicula und zieht viele Menschen unwillkürlich an, weil sie das Bedürfnis verspüren, vergangene Situationen zu verändern, Dinge, die sie bereuen, wiedergutzumachen.

Mit seinen vier magischen Geschichten hat der Dramatiker Toshikazu Kawaguchi einen Weltbestseller geschrieben, der Millionen Menschen weltweit berührt und begeistert hat. Die Motive der Reisenden waren unterschiedlich, doch die gelernte Lektion war dieselbe: Wer den Blick zurück wagt, gewinnt neue Kraft, die Zukunft mutiger zu gestalten und den Sinn seines Lebens zu erkennen.

KNAUR.LEBEN

JAMES R. DOTY

Das Alphabet des Herzens

Die wahre Geschichte über einen, der sein Herz verlor und sich selbst fand

Alles ist möglich – die packende Lebensgeschichte des Freundes des Dalai Lama

Der weltberühmte Neurochirurg James R. Doty stammt aus ärmlichen Verhältnissen und durchlebt eine schwere Kindheit – bis die Begegnung mit einer geheimnisvollen Frau sein ganzes Leben verändert. Sie bringt ihm vier einfache Lebensregeln bei. Durch sie befreit er sich von dem Gedanken, Opfer seiner Lebensumstände zu sein, und verwirklicht all seine Träume. Bis er die letzte Regel mehr und mehr vernachlässigt: sein Herz für andere zu öffnen …

Eine Mutmach-Geschichte, die uns lehrt, dass wir alles erreichen können, was wir uns vornehmen.

»Dieses Buch ist voller Magie.« *Jon Kabat-Zinn*

KNAUR.LEBEN